FABRICE MELQUIOT

Écouter les sirènes

roman

ACTES SUD

Se chercher une raison d'être, c'est ridicule.

LEONARD COHEN

Écrire ce n'est pas raconter des histoires. C'est le contraire de raconter des histoires. C'est raconter tout à la fois. C'est raconter une histoire et l'absence de cette histoire. C'est raconter une histoire qui en passe par son absence.

MARGUERITE DURAS

À mon avis, c'est ça qui déglingue les gens, de ne pas changer de vie assez souvent.

CHARLES BUKOWSKI

1

Je m'appelle Jodie Casterman. J'ai trente-six ans. Je fais mon âge, merci, je sais. Je suis dog-sitter et serveuse occasionnelle dans un resto péruvien sur Glisan Street. J'ai été barmaid de nuit, travailleuse sociale et vendeuse d'équipements de camping. Je donne des cours de biologie à des adolescents qui s'en foutent. Pas de gosse. Pas de mec en ce moment. Le dernier, c'était Tim Douglas. Un gentil, Timmy, discret, courtois, sportif, grand fan de vélos électriques, Timmy savait tout sur les vélos électriques, les modèles, les marques, les performances, tout, mais j'avoue que ça me laissait froide, moi, le mode d'assistance au pédalage, la puissance du moteur et la capacité en wattheures de la batterie. J'écoutais, j'écoutais. Et je le trouvais beau dans sa passion, Timmy. Je sentais qu'il m'aimait bien – il me trouvait souvent *bizarre*, j'en souriais, j'ai l'habitude – et il projetait sur moi de jolies choses, de belles images à la Timmy, *mais lâche-moi avec ton entretien régulier des freins*. J'avais trop souvent envie de son silence, alors j'ai rompu au bout d'un mois et demi.

J'ai voulu être espionne pour mon pays. Je me suis intéressée aux thérapies alternatives, aux produits de relaxation. J'aurais aimé bosser dans l'herboristerie, parce que je comprends très bien les plantes. Vers dix-sept, dix-huit ans, j'ai essayé d'être sainte, sans succès. J'ai étudié la biologie pendant deux ans à l'université d'Oregon, pour finir actrice. Pourtant, le système nerveux me fascinait. Les connexions neuronales. On faisait des expériences sur les larves de mouches des fruits. Les larves de mouches des fruits livrent toutes sortes d'informations sur le développement et la réparation du système nerveux humain. Mais le théâtre a produit sur moi ce qu'il produit sur la plupart des gens qui prennent le risque de monter sur une scène pour se laisser regarder, avec ce corps qu'on leur a donné, ce visage, cette voix, ces bras un peu longs, ces mains moites, ces pieds à dix heures dix. D'abord, la scène te terrorise ; c'est un fou avec une grenade à la main qui pénètre ton cœur en hurlant. Il court et saute à l'intérieur, dérange des étagères, gerbe sur les murs. Tu ne te possèdes plus. Tu as laissé entrer le fou à la grenade. Puis, le fou se calme, peu à peu. Tu as calmé le fou. Le fou se sent chez lui ; en s'installant, il s'adoucit et toi, tu aimes de plus en plus sentir ce fou dans ton cœur. Quand tu t'auto-examines, tu ne reconnais plus l'expression d'une terreur. C'est une pression douce, un peu effrayante, mais supportable. Au début, j'avoue, qu'est-ce que j'ai pu pleurer. C'est ça, la scène. Il n'est pas question de dépassement, on ne se dépasse pas, non : la scène permet de t'atteindre. Et les textes, quand tu y descends pour les habiter, une lampe torche à la main, comme au fond d'une cave, les textes te débarrassent d'une bonne part d'ego, ils te soulagent du regard tyrannique que tu poses sur tes propres pensées, tes manières d'être ou de faire. Quand l'aventure littéraire est devenue une aventure charnelle, quand j'ai commencé à incorporer les mots, les phrases, des pages entières, je me suis sentie comblée. J'étais tout entière en moi. Je me suis dit : *Je veux faire ça, je veux faire ça plus que le reste.*

Parfois, j'articule : *Je suis actrice, actrice, je suis actrice.* C'est un exercice de diction assez commode, c'est vrai. Je suis une aphasique en rééducation, qui démarrerait petit. *Actrice, actrice.* D'autres visages se superposent au mien, le remplissent. Des dizaines, une foule. Jessica Chastain, Anne Hathaway, Kristen Stewart. Candice Sharp. Candice revient toujours. Candice a fait trois ans chez Brooke, comme moi. C'était la plus douée, la plus audacieuse et la plus juste. Candice était pulpeuse, insolente, tatouée. Sur son épaule, elle arborait une balle de 9 mm en noir, rouge et bleu. Elle n'avait pas la langue dans sa poche, Candice. Elle avait le doigt d'honneur facile et provoquait son monde, par jeu, pour voir.

Quand je voyais Candice briller sur la scène de huit mètres carrés du cours de Brooke, j'étais jalouse. Jamais je ne serais l'actrice que je rêvais de devenir. Candice avait joué *Qui a peur de Virginia Woolf ?* C'était au Milagro ; la presse l'avait distinguée. Puis elle était partie pour New York, suivre les cours de Meisner à la Neiborghood Playhouse. Elle y est restée quatre ans, quatre ans à traquer les agents, à rester super belle pour espérer à son tour être traquée, quatre ans à écumer les théâtres pour se faire un pseudo-réseau, quatre ans à courir les auditions louches avec son tatouage parabellum comme totem. Ça n'a pas suffi. Candice Sharp a acheté son billet retour pour l'Oregon, chou blanc. Elle a pris du service quelques mois chez Starbucks, puis elle a quitté l'Oregon pour l'Idaho. Elle s'est installée à Cœur d'Alène, au bord du lac, avec sa meuf. La vue est d'enfer, il paraît. Elles ont ouvert un resto chinois, le China Inn. Un chinois. Pourquoi ?

Elle n'était pas fan de la Chine, que je me souvienne. Et sa meuf pas plus chinoise que moi. Qu'est-ce qui te pousse à ouvrir un restaurant chinois en Idaho ? On a été proches, elle et moi ; nos différences, on les a chéries au point d'y bâtir notre espace de confidences. Sur des trucs personnels. Le théâtre, la séduction, le rock'n'roll, le plaisir féminin, la variété des godemichés, l'esprit de Portland ; ce qu'on devinait de l'esprit de cette ville, qu'on avait du mal à cerner, mais qu'on adorait, parce qu'on avait du mal à le cerner. Et maintenant, Candice fait frire des crevettes dans des woks pour des mecs aux jambes arquées. Le théâtre, il ne faut plus lui en parler. Moi, je n'ai pas tiré un trait dessus, je ne le ferai jamais, j'ai un site et un book, un compte Insta, je me coltine encore des auditions, j'attends le grand rôle, le prochain, celui qui me verra déjouer mes propres pronostics.

2

J'ai des amis sur la côte est qui me demandent de les rejoindre, qui me disent que pour le théâtre, New York sera toujours New York. Qu'est-ce que j'irais faire à New York ? Il y a la moitié du monde à New York, l'autre moitié est à Los Angeles. Pour rien au monde je n'échangerais les nuages sur le Mount Hood et le vol des hérons sur la rivière. Ici, c'est une annexe du désert des Mojaves, c'est hanté, dark, libre, c'est *trop* libre. Portland : la ville qu'on déteste aimer, qu'on ne sait pas définir, qu'on fuit en vain. Autre chose, ailleurs, n'importe quoi. Trouvez-la *creepy*, trouvez-la *weird*. Moi aussi, je veux avoir l'impression d'être à part, de temps en temps. Je ne dis pas : unique. Mais en marge. Pas dans la marge de la marge. Dans la première marge, mettons. Pas décrochée. Pas KO dans les cordes sociales. Juste un peu sonnée dans les faubourgs, les ceintures. Une fille assise au bord d'une rocade, qui décoche ses fléchettes empoisonnées dans les jugulaires. Pas par méchanceté. Elle s'ennuie, elle déprime. Elle perd ce qu'elle a à perdre et elle cherche à se distraire de la cloche d'amour qui lui sonne à la gueule. Jodie Casterman. La petite Jodie. C'est une femme, maintenant. Mais oui, une femme. Cette femme-là, voyez.

Je ne sors plus beaucoup la nuit, encore moins à l'approche de la fin de semaine. Ce n'est pas une question d'envie, la nuit. C'est un besoin qui s'allume. Un besoin instinctif d'aller faire des trucs dans le noir, à l'abri des débats télévisés et des success stories. Je n'éprouve plus ce besoin primordial de la nuit. Je me contente de la sentir battre de l'autre côté des murs, depuis mon lit de célibataire, ma tour de contrôle de solitude. Je crois que j'ai passé l'âge de ces conneries. Je crois surtout que j'ai atteint l'âge où il est plus commode de dire qu'on a passé l'âge de ces conneries, pour éviter de reconnaître qu'on a déjà mis un paquet de rêves au placard et que les vicissitudes vous ont gobée toute crue.

Je suis ce poster eighties scotché à la vitre de sa fenêtre, la face blanche tournée vers l'extérieur, parce que moi, je n'ai rien à montrer. Je regarde, sans belle attente qui ferait battre mon cœur plus vite. Je regarde et j'ignore qui je regarde, parce que je suis trop pressée de juger mon monde. J'aimerais savoir plonger dans le galon de soie d'une robe d'été et tout deviner du monde qui l'entoure. Il me faudrait jouir d'une faculté de décomposition des éléments qui font la robe de la jeune fille, à partir d'une observation minutieuse, quasi maniaque. Mon regard n'est pas assez maniaque. Il devrait désirer non seulement le galon de la robe, mais l'usine où fut fabriqué son tissu, et l'atelier dans l'usine, et la machine dans l'atelier ; toute la vie sociale qui s'y déroule. Au lieu de ça, je dégomme les passants comme une sniper ensuquée. J'ai la bouche pâteuse. J'ai faim, j'ai soif, ça passera. J'ai deux renvois et je suis out. Tellement out. Dépluggée de tout corps acceptable. Encore gourde, sonnée par ma nuit qui finit tôt, debout mais sans moteur. En me levant, j'ai enfilé la petite culotte de la veille, la noire en dentelle un peu élimée qui traînait sur l'accoudoir du fauteuil. Pourquoi j'ai enfilé cette culotte, je ne sais pas. Pour me protéger de qui, de quoi ? Pour cacher mon sexe et mon cul à qui, à quoi, hein ? Et j'ai chaussé mes bottes. Les blanches, achetées à Tacoma. Culotte de dentelle noire et bottes blanches de Tacoma. Je garde les seins à l'air, avec le naturel d'une estivante. Poupée rapiécée, je passe de la chambre à la cuisine, de la cuisine à la chambre, qui ne sont qu'une seule et même pièce. Mille cinq cents balles pour ce trou noir en suspension sur la ville : qu'il est cher, ce pays.

3

Parfois, je suis tentée. Je me dis : *Jodie, il ne faudrait pas que tu meures à l'endroit où tu es née, sans avoir vu l'autre monde, les autres pays, les autres villes, il ne faudrait pas que tu regrettes ton manque de cran, ton goût pour la routine et ces pierres au fond de toi, qui s'entrechoquent entre tes organes, mobiles comme l'est le sang ; des pierres ésotériques – mais toutes les pierres le sont.*

Un jour, il faudra que je bouge, que je tente ma chance ailleurs, comme on dit. Si j'arrive à vaincre ma phobie de l'avion. En Europe, peut-être. Peut-être qu'en Europe, mon karma ferait la roue des paons amoureux. Ou alors en Asie ; le Japon, je me dis. Tokyo, ça doit être dingue. Je pense au *Journal japonais* de Brautigan, à ce poème qui s'intitule *Biens immobiliers*, l'un de mes préférés. Je pense à Bill Murray dans *Lost in Translation*, à ce truc qu'il murmure à l'oreille de Scarlett Johansson et que des internautes prétendent avoir décrypté, grâce à je ne sais quelle technique. *I have to be leaving, but I won't let that come between us.* Il lui dit ça – mettons – et il s'éloigne dans la foule tokyoïte. Scarlett sourit ou bien elle pleure, c'est pareil.

Je pense à toutes les destinations possibles. C'est un vertige, ça cloue, tous ces lieux, tous ces noms : Berlin, Tombouctou, Helsinki. Où que j'aille, il faudra que je revoie mes ambitions à la hausse. Quelles ambitions ? *Ambition* : le mot le plus abstrait et le plus ambigu du dictionnaire.

Gueule en vrac, culotte de la veille, bottes blanches de Tacoma. Il faudrait m'exposer. Au rez-de-chaussée de l'immeuble, il y a une galerie d'art contemporain. Quand j'attends le monte-charge, je jette toujours un coup d'œil à l'intérieur. Jamais personne. L'espace semble réservé aux fantômes. On y trouve un sac de boxe couvert de graffitis, une panthère noire sculptée dans je ne sais quel matériau, un costume de ninja sur cintre, un attrape-rêve et des dessins d'enfant posés sur une table Art déco. Il ne manque que moi, suspendue à un crochet de boucher, le visage verni comme si j'étais de bois, un strass rouge sous chaque œil, pour rehausser mon teint blanchâtre.

J'aimerais dormir encore, mais les somnis sont finis et le jour s'est levé. À la fenêtre, j'enchaîne les soupirs. Mes fictions roulent dans les rues. Adieu, vampires. J'exhibe mon spectre d'os et de peau, je me sens comme un sac rempli de pommes de terre germées. Debout dans la lumière bleutée, je ramasse les lambeaux de ma nuit. J'ai beau gober des somnifères, je grince des dents, les muscles tendus, le plexus écrasé. J'en chie et les journées sont longues. Mon corps se débat. La douleur lance, sous les côtes flottantes à droite, dans la gorge et en plein cœur. John est malade, John est condamné.

Je fais jouer en accéléré les silhouettes imaginées dans la nuit orégonaise : winners en chute libre, junkies à poil, hipsters surdiplômés, queers à perruque. Toutes exécutent une danse macabre d'où émerge la seule personne qui compte et que je vais perdre. La seule personne. John. Mon John. Et le cancer qui le bouffe. Plus ma pensée est saturée par son corps en train de foirer, plus j'éprouve le besoin de rêver des gens de merde qui vivent des relations de merde dans la nuit de merde. Je noircis à peine le tableau. Les gens vivent des relations de merde. Bien sûr, ils ne sont pas tous merdiques. Leurs relations le sont. Je ne connais pas de gens qui vivent de belles relations, faites d'élégance, de délicatesse, d'exigence, de bonté. Je n'en connais pas. Même entre John et moi, c'est devenu merdique. Le cancer se croit partout chez lui. Le cancer nous prend tout. Ses douleurs sont pour moi, je voudrais payer l'addition à sa place, je sais qu'il va mourir, mais quand ?

Il faut qu'ils meurent, les pères. Il faut bien qu'ils meurent. Il faut qu'un jour ou l'autre, les pères meurent, bon gré mal gré. Qu'ils se décident, les pères. Les pères, OK, mais *mon père* ? Mon père à moi, est-ce qu'il faut qu'il meure ? Est-ce qu'il dort encore ? Dans ce grand bordel, est-ce qu'il arrive à dormir ? Et la maladie, la nuit, elle a quelle vie ? Invisible, elle corrode sans relâche, dessine ses métastases en silence. Dans le corps de John. Le corps de mon John. Elle prend tout, elle reprend tout. Panthère noire sculptée dans je ne sais quel matériau. Et moi, je ne sers à rien.

4

Le ciel passe de l'indigo au mauve, puis du mauve à l'ocre. La ferraille de l'escalier de secours barre l'horizon. Un camion frigorifique s'arrête en bas, près du Two Wrongs. Un vélo zigzague en jouant de la sonnette. Un malabar fait du stretching. Ils veulent creuser un parking. Un de plus. Les gens sont dingues de parkings. Pris en étau entre Hoyt et Irving, l'immeuble flottera sur une mer de bagnoles.

Il va faire beau, un peu trop beau, et des milliers de gens trouveront une fois de plus que Portland est la ville la plus captivante de l'Ouest américain. C'est ma ville. J'ai grandi ici. D'abord dans Kenton, à deux blocs de la statue de Paul Bunyan. Enfant, j'adorais m'asseoir sur l'un de ses godillots noirs et sentir ses dix mètres peser sur moi. J'aimais son regard clair, son vêtement à carreaux rouges et blancs. Je me serais bien vue bûcheronne, comme lui. John me jurait que le corps de Paul Bunyan était creux comme celui des très vieux arbres et que ses enfants vivaient à l'intérieur de lui. Il en avait cinq ; le plus âgé s'appelait Victor, il était sourd-muet et destiné à manier la hache, comme son père, sans jamais pouvoir s'en plaindre. Les autres, Nora, Raoul, Alyssa et David, étaient aveugles et bons qu'à encourager l'aîné, qui ne les entendait pas crier son prénom. Je me demandais pourquoi mon père éprouvait tant de plaisir à imaginer pour Paul Bunyan des gosses handicapés. Après Kenton, on a vécu à l'angle de Stanton Street et de la Quinzième Avenue, dans une maison prêtée dont j'ai peu de souvenirs : un lustre de château français encombrait le salon riquiqui ; des plantes vertes au tronc velu et aux feuilles démesurées, que je prenais pour des choses d'une autre planète, peuplaient le bow-window. Il y avait du lambris au mur et des dieux hindous multicolores encadrés dans les chambres. Par la suite, nous avons vécu dans Buckman, près du Colonel Summers Park, où j'allais promener Jerome, le seul chien que John me concéda, pour mes quatorze ans. Jerome était un cavalier king charles assez blasé, une sorte de chien chat indifférent à tout. Je me suis efforcée de l'aimer après l'avoir beaucoup réclamé, mais ce chien était un nihiliste. On cohabitait, sans se promettre la lune. Il ne me léchait jamais la joue, ni ne me fixait dans les yeux avec un air d'esclave. Il rechignait aux fêtes démonstratives, mais me reniflait les fesses avec un rictus qui me mettait mal à l'aise. Quand Jerome a disparu, un jour de 1997, j'ai trouvé ça normal qu'il s'en aille voir ailleurs. On n'a pas collé d'avis de recherche aux murs du quartier. C'était bien comme ça.

Aujourd'hui, je suis dog-sitter pour cinq maîtresses et maîtres différents. Rien que des mâles : le spitz allemand nain de Mme Coleridge, le dogue argentin des Gutierrez, les deux terriers de Boston dont les Carlson ont hérité après le décès de leur fils, le berger australien de Gavin et Nigel. Sherlock, Rufus, Agent K et Agent J, Lucky. Je pourrais les bouffer. Depuis que je gagne du fric en promenant les chien-chiens des autres, je trimballe le sentiment que Jerome m'a jeté un sort en partant : *Ma petite Jodie, puisque tu n'as pas su me donner l'affection que je méritais, tu passeras tes journées avec des gars comme moi, qui te prendront pour leur chienne, warf-warf.*

C'est ici que j'ai découvert le théâtre, que j'ai appris à repousser les mecs lourds, les connasses jalouses aux ongles pailletés, les prospecteurs par téléphone, les gourous véganes, du salsifis plein les dents, tous les parasites de la création. C'est dans les rues de Portland, sur ses façades ni belles ni moches, dans ses artères sans fin et dans ses parcs, que j'ai appris à lire – au sens de déchiffrer, deviner, comprendre. L'espace, les corps, le temps. Sous l'œil de John qui murmurait à mon oreille des formules sioux pour aiguiser mes outils, m'apprendre à mieux voir, mieux sentir, mieux écouter. Sans excès de paternalisme, quand j'y repense, ni condescendance, non, John m'a toujours parlé en ami. Un vieil ami que la poésie aurait gâté, *gâté* dans tous les sens du terme, la voix doucement timbrée, médium cherchant en vain la frontière entre les graves et les aigus.

Quand le Lan Su Chinese Garden a ouvert en 2000, il s'est mis en tête de m'apprendre le nom de cent arbres et cent fleurs. Il est devenu donateur, un donateur modeste mais concerné, et un visiteur régulier. Outre le nom des essences présentes dans le jardin, John connaissait celui de tous les employés. L'adolescente timide que j'étais compilait dans sa tête des mots abstraits en tentant de leur associer image et parfum ; l'arbre au caramel et le daphné odora, l'aspidistra et le jasmin étoilé d'Asie. Je me demande si les bonzaïs qui me fascinaient tant sont toujours vivants. Je ne me souviens même pas de ma dernière visite au Lan Su.

Les bouquins, c'est autre chose. Je ne crois pas que ce soit John qui m'en ait transmis le goût ; encore que. Depuis toujours, je le vois lire et relire la même dizaine de livres, comme s'il butait contre : *Chroniques de San Francisco* d'Armistead Maupin, *Mon Ántonia* de Willa Cather, *Moby Dick* d'Herman Melville, *La Chambre de Giovanni* de James Baldwin, *La Prisonnière des Sargasses* de Jean Rhys, *Tout s'effondre* de Chinua Achebe, *Howl* d'Allen Ginsberg, *Le Danseur de Manhattan* d'Andrew Holleran, *Dune* de Frank Herbert et *Cent ans de solitude* de Gabriel García Márquez. Tout John est dans ces dix livres. Pour connaître quelqu'un, pour en sonder les secrets enfouis et les fantasmes les plus retors, il suffit de lui demander de choisir dix livres et de ne surtout pas expliquer ses choix. Moi, je me garderai de tout lâcher sur mon compte. Le goût de la lecture m'est venu tout de suite, dès l'école primaire. C'est toujours assez mystérieux, la joie qu'on trouve dans les livres. Cette concentration dont on se sent capable, cette résistance, cette apnée. Les deux mille bouquins achetés chez Powell's ou ailleurs, je les conserve dans une unité de stockage sur Columbia Boulevard. Ça me coûte quarante-sept dollars par mois. Ici, je n'ai presque rien, par manque de place. Deux cent cinquante bouquins, à tout casser. Je ne vous dirai pas lesquels, vous avez mieux à faire.

5

Quand j'ai ouvert les yeux tout à l'heure, j'ai vu passer le mot épiphanie, comme l'ombre d'un vaisseau spatial sur le sol lunaire, capté par un télescope amateur. *Épiphanie*. Parfois, un mot surgit, qui rompt avec le lexique de tous les jours. De nulle part, un mot fait irruption et accapare l'attention ; peut-être est-ce une dernière chance que la mémoire s'accorde à elle-même de se souvenir de ce mot-là ? *Épiphanie*. Son passage au-dessus de mon lit n'aura duré que quelques secondes, le temps que j'en décrypte chaque lettre pour en saisir la combinaison et qu'elle frappe mon cortex. Le mot ne m'est pas familier, je ne l'emploie pas. J'en saisis à peine le sens. J'ai la flemme de chercher dans Google sa définition exacte ; à tous les coups, c'est une page Wikipédia longue comme le bras. *Épiphanie*. C'est une prise de conscience. Une surprise de conscience, mettons. La compréhension soudaine d'un truc. Quelque chose comme *Eurêka*. Avec les mots intempestifs qui traversent, chaque jour, mon hémisphère gauche, je pourrais écrire un paragraphe prodigieux. Pas un livre, un paragraphe, un paragraphe au-dessus de tous les paragraphes ; j'écrirais le Dieu des paragraphes. Il contiendrait la Vérité, pas la vérité dont on se demande si elle est bonne à dire ou non, mais la Vérité avec un grand V, la Vérité ultime, la grande Vérité, la Vérité sur vous, sur moi, sur notre place dans l'univers. Notre place. Est-ce qu'elle nous était promise ? Est-ce qu'on l'a volée ? À qui revenait-elle ? Je l'appellerais *Le Paragraphe des Promesses*. C'est pompeux, j'aime bien m'imaginer écrire des trucs pompeux, comme une écrivaine en robe de chambre, qui dispose autour de son ordinateur des limes à ongles et des mandalas.

6

Dans la salle de bains, je branche la radio sur Charlie, 97.1. Je tombe sur *Razorblade* des Strokes. La brosse à dents ressemble à un vieux balai, le tube de dentifrice est à plat. Dans le miroir, je regarde ballotter mes seins pendant que je fais saigner ma gencive. J'ai de super seins. Encore ralentie, je dansouille, coup de hanches à droite, un autre à gauche. De la mousse mentholée et du sang plein la bouche, je prends le refrain de *Razorblade* un peu haut, *My feelings are more important than yours*, jusqu'à m'égosiller ; on dirait un cormoran empêtré dans un filet. Un de ces quatre, il faudrait que je me remette au chant avec Mme Parodowski. Elle avait le don de te faire croire que tu allais finir à Broadway, Mme Parodowski. *Avec de la persévérance, Jodie, tu peux tout entreprendre et tout réussir.* Ça me manque, les croyants.

Sous la douche, je pense à John, mon John, que je reverrai tout à l'heure dans sa cabane d'exilé, au milieu des bois. Mon John et sa préférence pour le silence, son penchant pour ce reflux volontaire de la parole vers son centre d'émission. Comme on forgerait un cercle en passant par une droite. Les mots, maintenant, John les ravale. Je me laisse contaminer. En présence l'un de l'autre, nous nous taisons volontiers. Je n'en éprouve jamais de gêne. C'est le silence le plus confortable qui soit, un silence épais, serein, chargé d'électricité statique, cette électricité dont on aime, enfant, charger ses cheveux. Le silence est devenu la plage où camper, la clairière où s'asseoir pour mettre le monde à distance. C'est notre chose à nous, nous qui jadis avons tant parlé, de tout et de rien, à bâtons rompus, en pèlerins de la parole, en grands amateurs de conversations. L'exubérance de John est rentrée dans sa coquille ; il n'éclate plus de rire, ni n'explose plus de rage – outré pour un ruban qui manque, un livre dont la couverture se délite –, ni ne gueule plus sur tous les toits qu'il aurait préféré naître femme ; moi-même, je peine à rassembler les maigres restes de sa fantaisie, réduite à des élucubrations parfois douteuses de vieux bonhomme usé. Le grand, l'immense John Casterman, dont l'état civil indique qu'il est né le 11 août 1942 dans le comté de Lane, à Veneta, Oregon, nom enfanté par l'*ouragan* de France. À moins qu'il ne vienne des Indiens et signifie *l'eau est belle*. C'est lui, le père qu'il faut voir mourir. C'est cet homme-là que mon esprit déforme, quand il superpose, dans ma mémoire en mouvement, plusieurs versions de John et plusieurs de ses corps, jusqu'au dernier, celui qui lui sert aujourd'hui à se traîner vers la mort.

J'aimerais quitter le monde de la chair et des chairs. J'aimerais vivre dans une chanson triste et qu'elle m'épargne – parce que c'est une chanson – de la tristesse.

La plante de mes pieds humides marque le tapis de bain. Je me pelotonne dans une serviette rêche à souhait. L'eau suinte entre mes fesses, je me penche pour que la serviette se coince dans ma raie et l'absorbe. La pointe de mes cheveux trempés alimente la fuite, le long de ma colonne vertébrale. J'essaie de les contenir dans la serviette en la remontant sur ma nuque et me voilà le cul à l'air sur le lit. Je finis de me sécher en frottant ici et là ce qui me garde, contre mon gré, dans le monde de la chair et des chairs. J'enfile un string de coton blanc. Le soutif qui va avec, tant pis. La culotte d'hier, à la panière. Les voilages de la chambre continuent de faire tourner la toupie chromatique du matin. Tout est jaune et bleu.

Je brosse mes cheveux, assise sur le lit, le regard dans le vague de la moquette, je pense à John, mon père, Papa, je me lève, je retraverse la pièce, je coule encore un peu, tant pis, je suspends la serviette alourdie d'humidité à la patère vissée derrière la porte de la salle de bains, je retrouve les mots *manqué*, *vie entière*, *ton cou* sur le carrelage, je les ramasse, et puis j'entends le rire de John, un très vieux rire, je le ramasse aussi, je me regarde dans le miroir, j'ai une sale gueule, je vire la radio, stop, silence.

J'enfile un jean gris, mon sweat-shirt à losanges noirs et jaunes, un cardigan blanc. Bottes blanches. Non. Si. Non : je reste pieds nus. Jodie. La petite Jodie. Toute propre. Toute belle. Quelle femme. C'est du XXIe siècle de toute beauté, ça. Je fais le boulot, voyez. Je ne me laisse pas aller à devenir un épouvantail aux poches chargées d'eaux diluviennes. Je pourrais, mais non.

Il faut qu'ils meurent, les pères. Je ne suis pas surprise, je ne suis pas déçue, je savais ce qui m'attendait. J'ai toujours su. On sait. On sait très bien. Qu'ils y passeront. Dans la rue, dans un couloir d'hôpital ou un jardin public, dans une chambre qui fait bip-bip, la vie leur lâchera la main, comme une nourrice surmenée. Démerde-toi avec ça, ma fille. Il faut qu'ils meurent. Et des connasses t'expliqueront par a + b que c'est pour le bien commun. Qu'il est temps de les enterrer bien profond, tous autant qu'ils sont, elles te prouveront que leur densité a changé, que la densité de l'homme change avec les époques. Je ne dis pas le contraire. Le temps est venu d'accorder à la mésange ou à la louve une densité plus grande que celle de l'homme. Ce sont de plus grands corps. Mais celui de mon père, j'aimerais qu'on renonce à en mesurer la densité. Parce que ce n'est plus rien, vous comprenez ? Il ressemble à une petite chèvre.

Par la fenêtre, je regarde les lettres capitales encore visibles de CARTON SERVICE peintes sur la façade de briques rouges du magasin Filson, le Keen Park désert mais plus pour longtemps, le ballet usuel des SUV et des berlines. *Hello Portland, hello, how are you today ?* Je te vois me faire du rentre-dedans, avec tes smogs photochimiques et tes éoliennes sur le Twelve West.

Dans la cuisine, les cuisses serrées sur le tabouret, genoux joints, je m'avale un yaourt nature périmé depuis trois jours ; rien vu de plus triste depuis *Sur la route de Madison*. Ça sent le moisi. Depuis un moment, dans la cuisine, ça sent le moisi. Un fruit pourri derrière le buffet ? Une vieille pomme. Un kiwi. Je suis capable de ça : laisser crever un truc au pied d'une plinthe. La flemme de tirer le frigo, merde. Je pense à John. John. John. À son cancer aux mains d'argent. Quand je pense à John, je sens le froid engourdir ma tête. Je pense à ma dernière boîte de somnifères. À mon dernier concert – je crois que c'était l'année dernière pour le Cape Blanco Festival, à Sixes, je m'étais foulé la cheville en dansant trop fort sur la reprise de *Footloose* par Blake Shelton. Je pense aux amoureux de la vie pour qui tout a le goût des bonbons au miel. Savourez. Moi, c'est une sucette au sel de mer.

Je suis cette femme-là, couverte de losanges noirs et jaunes, qui erre dans son studio à mille cinq cents dollars mensuels. OK, c'est Pearl District, mais faut pas déconner. Je connais un paquet de trucs, j'ignore un paquet de trucs. Y a un paquet de trucs que je préférerais ignorer et un paquet de trucs que je préférerais connaître. C'est comme ça. Que cela ne vous ôte pas le bonbon de la bouche. Dans quelques jours, je l'ignore et vous comme moi – mais les dieux jettent aussi ce genre de sort aux gens très ordinaires, aux gens qui essaient de faire de leur mieux, aux gens qui croient être revenus de tout –, dans quelques jours, je reverrai le mot *épiphanie* tourner autour de moi, j'en reverrai les lettres flotter dans l'espace. D'abord inoffensives, elles deviendront menaçantes ; se mouvant par saccades, elles se ficheront une à une dans mon lobe temporal, comme des flèches au curare décochées par le dernier Mohican ou le dernier Mojave, un type bourré au coin d'une rue, avec un arc à lettres. Le mot *épiphanie* piqué dans le crâne, je serai toujours cette femme-là et plus du tout cette femme-là. Trente-six chandelles en lévitation autour de moi, j'ouvrirai la boîte de Pandore, parce qu'on a tous dans nos vies une putain de boîte de Pandore.

7

Je ferme à double tour la porte blindée de l'appartement. Je sors, mes losanges noirs et jaunes sur le dos. Je prends le monte-charge. Ça sent le produit de nettoyage mélangé au parfum *Neroli Portofino* de Tom Ford. Je sais qui le porte, c'est le Big Jim qui bosse chez Filson. Un Texan. John le trouve canon, moi bof. Une brune opulente aux cheveux bouclés boit un truc en terrasse du Barista, ses lunettes de soleil sur le nez, son smartphone à l'oreille. Elle a des mains hallucinantes, de faux ongles de quinze centimètres en prolongent les doigts ; c'est la version bombe latine de Freddy Krueger, le personnage des *Griffes de la nuit.* Les premiers clients entrent chez Filson, les premières bagnoles sur le parking du Keen. Je marche un moment. Les rues sont cradingues. Sur le trottoir, des types et des nanas se racornissent, les uns contre les autres. La semaine dernière, une fille s'est pris un tesson de bouteille dans la joue, gratos, par un mec sous crack, j'ai lu ça sur Facebook. Le tram file vers le zoo et le Washington Park. Pas grand monde à bord. Pour traverser, j'attends que l'homme en led passe au blanc.

Je m'arrête chez Phil. Aujourd'hui, c'est osso buco. Papa va aimer. Phil me demande comment ça va. Je lui réponds : *Ça va et toi comment ça va, Phil ?* Il me dit : *Ça va, comme ci comme ça.* La rituelle barquette de plastique. Le sourire de Phil, ses incisives qui se chevauchent. Une mouche noire tourne autour des plats disposés dans la vitrine. Phil la chasse de la main en soupirant, puis il capte du regard une Austin bleu marine qui passe un peu vite. Je trie les images à l'intérieur de moi. Un cerf-volant rouge et blanc. Pas au ciel. Dans mes poumons. Du miel dans une soucoupe de faïence. Des sangsues qui boivent à mes tibias, sous mes aisselles et derrière mes oreilles. Le visage de John, désincarné, de verre brisé, marronnasse, prêt à en découdre autant qu'à en finir.

Je vais prendre mon bus pour Sherwood.

8

— Salut P'pa.
— Petit Cœur.
— Comment ça va, aujourd'hui ?
— J'ai des abeilles mortes dans l'estomac.
— Maintenant, tu dis ça à chaque fois que je viens.
— Parce que c'est vrai à chaque fois.
— Je t'ai apporté un osso buco.
— Un jour, les robots cuisineront mieux que nous, Petit Cœur. En attendant, ils fabriquent de la merde. Ce qui compte, c'est ton visage. Aucun robot ni aucune robote ne dessinera jamais un visage pareil.
— T'es de bonne humeur.
— J'ai vu un cerf ce matin. Il a passé sa tête par la fenêtre. La tête entière, avec les bois. On s'est regardés. Il a compris où j'en étais, j'ai compris où il en était. Tout était dit.

John est installé dans une cabane de trente mètres carrés, à une petite heure de train de Portland, sur un bout de terrain qui appartient à son copain Mitchell, un vétéran de la guerre du Golfe. Mitchell est unijambiste et marié à Cynthia, qui est le sosie de Bonnie Tyler, période *Total Eclipse of the Heart.* Mitchell a taillé lui-même sa prothèse de jambe dans le tronc d'un arbre de son jardin. Elle est articulée, c'est ingénieux.

— Tu tousses, P'pa.

— Et alors, on n'a plus le droit ?

Je rends visite à John deux fois par semaine, le mercredi et le samedi ; ça s'est organisé comme ça. Ça m'est arrivé de venir en taxi, mais la plupart du temps, je prends le 94, c'est direct. J'apporte des plats préparés de chez Phil, parce que la cuisine et moi, c'est la guerre de Sécession. À chaque fois, je me demande si je vais le retrouver vivant ou écroulé sous la table, sec comme un rogaton. Il tient debout. Il a la tremblote, il crache et il vomit. Mais il tient, la bouche bardée d'écarteurs invisibles qui lui forgent un sourire de Joker édenté. Son corps rabougri surnage dans sa chemise blanche, repassée par Cynthia. La cabane pue le beurre rance et l'œuf dur oublié. Sur la table, un reste de soupe croupit dans un bol de plastique vert fluo. Un livre est posé à côté : *Mémoires sauvés du vent* de Richard Brautigan.

— C'est bien ?

— *J'attends, tout simplement, et c'est une façon d'attendre qui vaut bien n'importe quelle autre façon d'attendre si l'on considère, selon toute attente, que toutes les attentes se valent.*

— Je vois.

— J'ai dû lire la phrase deux cent cinquante fois pour la retenir.

J'abandonne mon cardigan sur un banc, près du poêle à bois. Un coup d'œil sur la pathétique installation de câbles électriques où coulisse la tenture qui isole le lit de camp du reste de la pièce. Je crains toujours que ce machin s'effondre en pleine nuit et que John finisse étouffé sous un rideau dégueulasse. Je débarrasse la table, pose Brautigan sur le banc à proximité et jette à la poubelle le reste de soupe.

— Pourquoi tu fais ça ? Je l'avais gardée au cas où.

— Cette soupe est plus mortelle que ton cancer.
— Si elle pouvait m'aider à dégager vite fait.
— Si tu veux, je la récupère.

Je pousse l'osso buco dans le micro-ondes, une minute à sept cents watts, je passe sous l'eau froide deux assiettes de fer-blanc à la propreté douteuse, des couverts. Je les essuie, puis les dispose sur la table avec la barquette d'osso buco bien au centre. Pas faim, je tiens compagnie. Sur le film plastique qui recouvre la barquette, des gouttelettes de condensation forment un damier étrange dont les cases seraient circulaires. Mon père me regarde faire avec son sourire de Joker, sa chemise blanche, son froc absurde et la ceinture au dernier cran.

J'avais cinq ans quand John m'a adoptée. C'est une donnée comme une autre. On a des pères et des mères, des rêves et des regrets, du linge à repasser, des dettes et des chagrins, des enfants et des poux, des maladies de peau, des souvenirs de camping. Je l'ai toujours considéré comme mon seul et unique père. Ça va faire un an qu'il a chopé le cancer. Les médecins lui avaient donné quatre mois, grand max. C'est à cause de ce verdict à la con que John est parti vivre dans les bois. Avec pour projet de crever dans les délais impartis, mais chill, sous les sapins. Il attend. Il décline. Il se plie à la maladie. Mais ça ne vient pas.

— Maintenant, on peut s'asseoir, P'pa.
— Merci, Petit Cœur. Ça va être un bon weekend, ça.
— Ah bon ?
— Il fait un temps splendide, j'ai une chemise bien repassée, je déjeune avec ma fille et j'aurai fini ce Brautigan avant la nuit. J'ai l'impression que ça se passe bien.

— Tu tousses beaucoup.

— Tous les grands fumeurs de calumets finissent par se tousser dessus.

On s'installe l'un face à l'autre, comme des joueurs de poker amollis par la répétition des tournois. Je le regarde par en dessous. *Ce n'est pas brillant*, je me dis. Je me vois lui voler ses putains d'écarteurs invisibles pour me les fourrer dans la bouche et réussir à sourire. Ce type a été un danseur exceptionnel. Il a travaillé avec Jerome Robbins, le mec qui a réglé les chorégraphies de *West Side Story*. Avec Trisha Brown. Avec Forsythe. Et il va perdre sa dernière canine. J'aimerais qu'il soit encore là pour Noël. Je n'aimerais pas passer les fêtes sans lui.

— Tu vas en prendre un peu, de cet osso buco. Y a pas de raison que je sois le seul à mal bouffer.

— Je suis végétarienne.

— Depuis quand ?

— Environ cinq minutes.

— Ce cerf est passé, tu vois. Il m'a bien regardé et j'en ai déduit qu'il était temps, qu'il était plus que temps.

— De quoi ?

— J'ai un truc à te dire, Jodie.

— Quoi ?

— Un truc important.

— Je n'aime pas quand tu m'appelles par mon prénom.

— Tu veux de la musique ?

— Je préfère les bruits de bouche.

9

Sur les bancs rudimentaires attenants aux cloisons s'entassent des souvenirs de surplus militaire : des couvertures miteuses roulées en boule, deux cantines fermées par un cadenas, un filet de camouflage, des mètres et des mètres de paracorde. Des caisses d'Augsburger ont été clouées au mur et transformées en étagères ; y trônent des saloperies en tous genres. On consent à vivre avec des choses, des trucs et des machins, acquis sur un coup de tête, hérités à Noël, chinés aux puces. Toute cette camelote : pressoir à cigares, sonnette d'hôtel, geai naturalisé, vieux bocaux à bonbons, battoir à linge en bois fruitier, paniers à l'anse cassée, miroirs, paniers d'osier, enseigne lumineuse d'un ancien drugstore. On est dingues. Ces objets règnent sur nous ; ils irradient d'histoires qui ne sont pas les nôtres et les histoires ne sont jamais inoffensives. J'en connais des centaines, de ces intérieurs irrespirables. Chaque objet est au moins un récit, mais la plupart du temps c'est un recueil. Quand je m'assois sur le canapé, j'entends des voix me traverser comme si j'étais un carrefour et elles des bagnoles sans pilote, roulant à tombeau ouvert. Chez Mme Coleridge aussi, les choses parlent. Je garde son Spitz allemand nain. Sherlock. Elle l'a appelé Sherlock. Chez Mme Coleridge, les objets crachent leurs narrations silencieuses dans cinquante mètres carrés et c'est comme une piscine au fond de laquelle quelque chose ou quelqu'un me retiendrait par les pieds, empêchant mon corps de remonter.

— T'es bien installée, Petit Cœur ?

— C'est quoi le problème ? Oui, je suis bien installée. Autant qu'on peut l'être.

— Parce qu'il faudrait qu'on cause, toi et moi.

— Ouais.

— Il faudrait surtout que je te parle.

— Je t'écoute.

— Que je te parle de ton père, Petit Cœur.

Je suis assise face à lui, une raideur dans la nuque et mon cœur bat à cent cinquante pulsations par minute. Quelque chose m'échappe. Quelque chose est en train de m'échapper, je le sens. Je suis en train d'ouvrir malgré moi cette putain de boîte de Pandore. Je ne suis pas d'accord, je ne veux pas, je ne veux pas, je veux que mes doigts se contentent de manier la fourchette qui me permet de finalement enfourner l'osso buco tiédasse. La raideur dans ma nuque s'intensifie, comme si mes trapèzes voulaient toucher mes reins, et mon cœur accélère encore. Alors je récapitule, le couvercle de la boîte dans une main, ma fourchette dans l'autre. Je récapitule, pour moi, moi-même et moi seule.

10

— OK. Je vois. Parle-moi de mon père, vas-y. Pose-moi ton petit testament doré sur la table.

— Je veux dire : l'autre.

— Qu'est-ce que tu dis ?

— Je refuse de mourir avec ça sur l'estomac, tant pis pour ta mère, tant pis pour nous.

— De quoi tu parles, putain ?

— Promets de me laisser finir sans monter sur ton Mustang de compétition.

— Je ne promets rien.

— Promets.

— Rien, j'ai dit.

Je fixe la sonnette d'hôtel couverte de poussière. Le bol vert fluo dans l'évier. Les arbres par la fenêtre. Je me demande si on peut lire l'avenir dans l'osso buco comme dans le marc de café. Et le présent ? Les secondes se distendent. Le temps change de visage. Je tombe, comme Alice, dans un puits sans fin. Mon esprit essaie de faire diversion.

11

Je ne suis pas devenue une grande actrice. Mais je suis une bonne actrice. Je sais que je suis une bonne actrice. J'ai fait le choix de vivre ici. Rester vivre ici. Pas sûr que ce soit un choix. Peu importe. On devrait pouvoir faire le choix de deux chemins et vivre en parallèle sur l'un et sur l'autre, sans que les destins s'annulent. Au fond, j'étais peut-être une dilettante, je n'exclus pas cette possibilité. Une dilettante avec une légère tendance dépressive, c'est suffisant pour ne pas devenir Cate Blanchett.

J'ai joué dans plusieurs spectacles. Tchekhov, par exemple. Je comprends bien Tchekhov. *Les Trois Sœurs*. Je jouais Olga Sergueïevna Prozorova. Dans Hollywood District, un petit théâtre que personne ne connaît. C'est là que je suis tombée amoureuse de Francis. Le premier jour des répétitions. Il m'a quittée le jour de la dernière, adios amigos. Depuis, il vit avec l'actrice qui jouait Irina. Et Francis me jurait qu'il ne pouvait pas la voir en peinture. C'est le théâtre. L'instabilité fait partie de nos rêves les plus chers. J'ai été servie.

J'aimerais dire que je ne suis d'aucun pays, mais c'est faux. Je suis 100 % portlandaise. Je suis jolie. Comme toutes les filles. Je suis belle. Au prix d'efforts. À l'occasion, cruelle. Pas au lit. Au lit, je suis conne, j'aime obéir. Il m'arrive de parler une langue incompréhensible, un sabir constitué de mots enfantins et de références musicales obscures. C'est pour moi-même la plupart du temps. Je me parle cette langue qui me donne l'illusion d'être différente. Je fais encore des choses adolescentes, à cheval entre génie pur et connerie supérieure. La poésie m'exaspère. Je lui en veux. Elle pourrait tout réussir, mais elle rate tout.

Tout ce que j'ignorais ne cessait de commencer autour de moi.

C'est un vers de William S. Merwin. Mort l'année dernière à Hawaï. Le 15 mars. Je ne l'ai su qu'en juin. Je refuse de clamser à Hawaï. Je suis de celles qui, si elles voyaient la lumière, ne sauraient qu'en faire, de celles qui n'ont pas été plantées dans la bonne terre, avec la bonne dose de flotte, la bonne dose de soleil, pour les aider à croître. Pourtant, je sais que la beauté est partout autour de nous. On m'a appris à la reconnaître, à distinguer dans les choses vivantes ou inertes ce que mon regard trouve beau, ce qu'il trouve laid et ce qui le laisse indifférent ou, disons, troublé. Pourtant, j'ai été consolée, choyée, célébrée. J'ai été une petite fille effrontée, volontiers intrépide, qui avait la manie de montrer ses nichons à tout le monde, ce qui ne gênait pas grand monde dans notre entourage d'artistes branlants, de dandys baroques et de fumeuses aux bronches en feu. J'ai été une adolescente soudain démunie, intérieure à l'extrême. Je lisais, j'écrivais, je voulais du sens, du sens, donnez-moi du sens. Je regardais parfois par la fenêtre, avec l'envie d'en sauter. Je ne l'ai jamais fait. Je n'ai jamais eu sérieusement envie de le faire. Si je sautais, qu'est-ce que ça changerait dans le positionnement des pièces sur l'échiquier ?

Je questionnais tout. John a déployé sa magie pour me faire oublier que j'étais compliquée par postulat, ténébreuse par décision, et que je ferais bien d'ouvrir l'huître si je voulais y voir la perle. Cette putain de métaphore. Combien de fois il me l'a fait, le coup de l'huître et de la perle ?

J'ai horreur de Tchekhov. Tous ces Russes qui s'emmerdent et ne peuvent pas s'empêcher d'expliquer pourquoi. Ça devrait être interdit de jouer Tchekhov en Amérique.

12

— Tout ce qu'on t'a dit, Jodie. Toute cette histoire.

— Quelle histoire ?

— La tienne.

— Mon histoire ?

— C'est faux, Jodie.

— Faux ? Mais quoi ? Arrête de mordre ta lèvre avec ta dent, là, putain ça me. Arrête.

— Je fais pas exprès.

— Je sais que tu ne fais pas exprès, mais arrête.

— C'est pas facile de mâcher.

— Je sais.

— Excuse-moi. Le veau, ça fait des fils.

— Oui mais bon, putain.

— Tu veux que j'arrête de tousser aussi ?

— J'ai dit : excuse-moi, P'pa.

— Faut que j'aille pisser, maintenant.

— Maintenant ?

— J'ai bu trop de flotte avant que t'arrives. Je vais mettre un certain temps, tu le sais. Même pisser, c'est devenu incompréhensible.

Je me demande si on peut lire le passé dans l'osso buco. Mon esprit n'est plus qu'un tas de bois. Je le regarde, une hache à la main.

13

Le 27 août 1963, John Casterman quitte Veneta pour s'installer à Portland, dans le comté de Multnomah, deux mois après qu'un bonze vietnamien répondant au nom de Thích Quảng Đức s'immole par le feu à Saïgon, pour protester contre la répression antibouddhiste ordonnée par le président catholique Ngô Đình Diệm. Le photographe Malcolm Browne recevra le prix Pulitzer et le prix World Press Photo of the Year pour une image du corps en flammes de Thích Quảng Đức, assis en position du lotus, un jerrycan à ses côtés. Autour de lui, sont réunis trois cent cinquante moines et nonnes bouddhistes. L'acte d'auto-immolation était une décision collégiale. Browne dira que Thích Quảng Đức n'a pas bougé le moindre muscle, ni poussé aucun cri, pas même un gémissement. Les yeux mi-clos, son visage a gardé sa sérénité, tandis que sa peau fondait.

John quitte Veneta quelques heures avant que le pasteur Martin Luther King ne scande aux deux cent cinquante mille personnes réunies devant le Lincoln Memorial et au pays tout entier qu'il a un rêve pour lui, celui de voir un jour les petits enfants noirs et les petits enfants blancs se tenir par la main comme frères et sœurs.

John quitte Veneta trois jours avant la mise en place du téléphone rouge entre Moscou et Washington, une ligne de téléscripteur d'urgence entre les États-Unis et l'Union soviétique.

John quitte Veneta trois mois avant l'assassinat de JFK à Dallas, filmé par le fabricant de vêtements pour dames Abraham Zapruder, qui ignorait qu'il signerait là le film amateur le plus célèbre de tous les temps.

Avant de laisser derrière lui les églises de bois et les rues vides où il a grandi, John jette un caillou vert veiné de noir dans la Long Tom et formule un vœu de jeune adulte introverti et idéaliste : danser. Danser comme Paul Taylor dans son ballet *Insectes et héros*. Danser comme Merce Cunningham dans *Rune*, premier spectacle où John découvre les principes de composition aléatoire et les plans de jeu superposés. Danser comme Marge Champion, dont la gestuelle a inspiré Disney pour la danse de Blanche Neige avec les nains. Dans le refuge des chambres qui l'ont vu grandir, mon père a gardé comme confident un miroir en pied, auquel son corps livrait des secrets aux noms obscurs : *Balancé au couchant*, *Antéversion libre*, *Demi-plié devant l'éclair*, *Rebond sur l'herbe*. Il dansait son journal intime en cachette de son frère aîné et de ses parents qui, configurés à la va-vite et puritains de pied en cap, l'auraient sans doute dénoncé aux flics – *Et qu'on l'embarque, loin de notre vue, loin.*

John quitte Veneta avant l'embrasement au Viêtnam, avant la mort de soixante mille soldats américains et près de quatre millions de civils et militaires vietnamiens. L'idée de s'engager dans l'armée ne lui vient pas. Pendant des années, il cache son orientation sexuelle à son entourage ; seuls quelques amis savent. Il tâche de paraître viril, forçant ses gestes, contredisant ses habitudes, dissimulant son goût pour des plaisirs jugés strictement féminins.

Lui ne songe qu'à travailler son corps et lui enseigner des attitudes nouvelles, tolérées sur scène, mais réprouvées dans la vie réelle. De cette décennie qui a précédé la vague de liberté des années 1970 et la célébration de ce que l'historien Theodore Roszak appellera la *contre-culture*, John garde un souvenir étincelant. Il ne rechigne jamais à parler de ce temps où il vivait planqué dans la marge et où il ne se sentait *lui-même* qu'en compagnie de dingues, des mecs et des nanas devant qui la société américaine baissait les yeux, aux pieds desquels elle crachait volontiers une grosse glaire.

Le 27 août 1963, le ciel de Veneta encore estampé dans ses yeux, avec ses nuages bourdonnants et ses traînées de vapeur, John Casterman découvre Portland, à l'âge de vingt et un ans. Il trouve un lit et ses punaises assorties dans une maison bicolore, une grande bâtisse de bois type *craftsman* plantée sur Sertic Road, avec vue sur la Long Tom. Elle est noir et rouge : *Hommage à Stendhal*, précise le propriétaire des lieux, un certain Andrew Lester, commerçant de cinquante ans au physique élancé, dont on devine, malgré ses cheveux gris, qu'il fut un roux authentique, grand amateur de romans psychologiques et petit-neveu de l'immense Imogen Cunningham, photographe portraitiste et féministe qui, hasard de la vie, rencontre Man Ray à Paris le jour où John Casterman emménage parmi d'autres jeunes Américains en quête d'eux-mêmes.

À cet âge-là, Jodie, je regardais les oiseaux se blesser à la pointe des toits et j'en faisais des métaphores. Comme tous les jeunes, j'avais l'intuition que j'étais destiné à de grandes choses, des choses plus grandes que moi. Finalement, aujourd'hui encore, tu vois, je ne sais pas quoi en penser. Je ne sais pas, Jodie.

14

— Tu n'es pas bien chez nous, Johnny ?

— Si. Bien sûr que si. Je n'ai jamais été mieux.

— Alors ?

— Je ne sais plus quoi faire de ces punaises, Andrew.

En rougissant, John ouvre sa chemisette, découvre sous les yeux d'Andrew Lester sa poitrine couverte de papules ; il lui sourit en se mordant la lèvre, avant de détourner le regard pour le poser sur un numéro de *Cosmopolitan* – avec Marcello Mastroianni et Sophia Loren en couverture – échoué au pied du vieux fauteuil club crevé où aime lire le maître des lieux.

— Et les jambes ?

— Quoi ?

— Fais voir tes jambes.

— Pourquoi ?

— Vérifier.

John tombe le pantalon. Andrew s'attarde sur son slip avant de faire mine d'examiner ses jambes elles aussi maculées de boutons.

— Les punaises de lit sont hématophages. Tu blâmes leur nature, mais qui te reproche d'être humain ? Elles piquent et sucent depuis l'homme des cavernes. Ne vocifère pas contre elles. Elles attendent l'amour, Johnny.

— L'amour ?

— Comme toutes les créatures, quand elles se sentiront désirées, elles rentreront leurs organes perforateurs et s'endormiront.

— Je dois les désirer ?

Alors mon père remonte son pantalon, les yeux toujours rivés sur la couverture du *Cosmopolitan*.

— Sérieux, tu ne t'es quand même pas déculotté pour me montrer une dizaine de piqûres sur ta peau ?

— Ah si, ben si.

— Vierge Marie fardée. Regarde-moi, ça va te guérir.

— Je te regarde.

— Mieux que ça, Johnny.

— Qu'est-ce qui rend le regard meilleur ?

— Tu ne veux pas découvrir un truc dingue plutôt qu'aller brosser sous un drap tes cosses de cacahuètes ramollies ?

— Je. C'est-à-dire que. Tu. Je veux bien, oui. Un truc dingue, tu dis ?

— Ça vient de sortir. C'est un copain de Fresno qui m'a fait écouter ça. Le môme est aveugle. Il a genre onze, douze ans. Ce ne sera pas son dernier album. *Little Stevie Wonder*. Écoute ce titre : *Fingertips*. Et rebaisse-moi ce falzar, mets-toi à l'aise, tu vas me lécher les orteils, pour commencer.

Rien à ajouter sur cette matinée de septembre où Andrew Lester tombe amoureux – à sa façon – de John Casterman. Je m'en tiens à ce que ce que John a bien voulu me révéler de son arrivée à Portland. J'imagine que l'opération sentimentale de léchage d'orteils a dégénéré, puisque John et Andrew ont partagé les mêmes partenaires sexuels pendant six mois, preuve de fidélité conjugale et de foi collective.

Mon père a adoré faire la fête. Il faisait tout son possible pour sortir de la maison. Il m'emmenait avec lui. J'étais sa fille, sa copine, sa groupie, la fille de John. Comme lui, j'aime les fêtes de quartier, les festivals, les mariages, les anniversaires. Mais moi, je ne chante pas, je ne tape pas dans mes mains, je ne secoue pas mon boule sur le dancefloor, vous êtes prévenus. Je me mets en retrait et je laisse l'espèce humaine me fasciner. La joie des autres ajoute à mon cafard ; John dit que c'est mon côté européen, je ne sais pas très bien ce qu'il veut dire quand il dit ça, je crois que nous autres, Américains, on est la nation la plus mélancolique qui soit, la plus taraudée par ses démons et au fond la plus dépressive. On cherche des subterfuges pour contourner notre désarroi : on porte du rose, on met du gloss, on s'achète des toutous, on met au point des protocoles de rencontres pour tâcher de se rencontrer un peu mais pas trop quand même, on s'aime bronzé-musclé dans certains cercles, on s'aime gros-mou dans d'autres, on s'aime comme des lemmings.

Prenez le spring break. À l'origine, en 1936, c'était un entraînement de natation, organisé à la piscine Casino de Fort Lauderdale. Deux ans plus tard, au même endroit, il y a trois cents nageurs. Ça tient un moment, leur histoire de natation, mais on finit par trouver que nager c'est bien joli, mais picoler c'est mieux quand on a vingt ans et un corps agacé par des besoins autrement plus vitaux que le cent mètres papillon. Dans les années 1980, ils sont des milliers à venir se prendre des bitures en série et à forniquer sous le soleil du Sud. Pour décompresser, voyez, pour se remettre de la pénibilité des bancs de l'université, pour célébrer l'invincible jeunesse. Le maire de Fort Lauderdale annonce à l'émission *Good Morning America* que les étudiants en vacances feraient mieux de se choisir un autre lieu de débauche et que sa ville ne servirait plus d'exutoire. Les plages de Floride sont un grand cimetière de pucelages. Parmi ces tombes invisibles, il n'y a pas le mien. Je me suis toujours dit que le spring break était la surface dorée de nos tristesses au visage pâle, que ces garçons et ces filles valaient mieux qu'un twerk au rhum coca, mieux qu'une danse sur de la musique de merde dans un bikini trop petit. J'aime les regarder. Je mate des vidéos. Des vidéos de spring breaks. Je les regarde. Et je devine tous les gouffres sous le make-up, je vois le monde souffrir de la vie.

La seule fête à laquelle je daigne participer – genre danser en beuglant *Ra-Ra-Rasputin / Lover of the Russian queen* –, c'est l'Oregon Country Fair, parce qu'elle n'a pas grand-chose à voir avec les spring breaks floridiens. On y voit cinquante mille personnes qui ne pensent qu'à s'aimer en bouffant du tofu ou des hot-dogs, en faisant des bulles de savon ou du jonglage. Des jeunes aux cheveux bleus, des pacifistes grisonnants, des fanfares de bons à rien doués pour tout, des désabusés plus démocrates que républicains, des hippies morts et ressuscités plusieurs fois. Le reste du monde peut bien se mettre sur la gueule, ici c'est bon enfant. On loue le temps aux berges de la Long Tom, on loue les arbres et la nature tout entière qui s'en va sans se retourner, une poignée de ses cendres dans une main. Le deuxième vendredi de juillet, tout le monde s'aime à Veneta.

15

La toute première foire a eu lieu en 1969 et John y était. On l'avait baptisée la Renaissance Pleasure Faire. À l'époque, c'était les 1er et 2 novembre. On avait deux jours pour renaître et jouir, dans un grand pré sur Hawkins Road, près d'une ferme qui appartenait à un prof de Veneta. Le type espérait créer une école alternative, une sorte de maison des enfants, où ils auraient le devoir de se rendre, du lundi au vendredi, de la paille dans les cheveux et de la boue sur le front. Une maison où il s'agissait d'apprendre en s'amusant et de s'amuser en apprenant, avec ses mains autant qu'avec sa tête ; on parlait partout de pédagogie active et d'autonomie pour les gamins ; d'enquête, de mise en situation, de jeux intelligents. Quand un projet voit le jour, il est pétri de bonnes intentions. Et puis ça se gâte. On veut créer un entraînement de natation ou une école vertueuse et ça finit en baisodrome. On reste des bêtes, des bêtes qui se rêvent autrement, mais des bêtes.

En 1969, la foire a réuni deux mille personnes. Chacune a fait don d'un dollar. Ce n'était pas rien, pour une fête à Veneta. De cette première édition, John a conservé un bateau de la taille de son pouce, sculpté dans une branche de frêne par un ancien marine avec qui il a eu une histoire de quelques mois. Quelques semaines. Quelques jours. Va savoir. Samuel. Je me souviens de John disant : *le petit bateau de Samuel.*

À Veneta, aujourd'hui, 10 % de la population vit sous le seuil de pauvreté. Quatre cents citoyens sur les cinq mille que compte la ville. Veneta abrite sous ses grandes ailes vertes sa tribu de Deadheads à barbe blanche, dopés à l'herbe et à l'huile de girofle. Assis en tailleur ou dans un rocking-chair rafistolé, ils ruminent le concert de 1972. *Sugar Magnolia* dans les fèces de leurs chèvres et le fin fond inexploré de leur subconscient. Ils ne s'en sont pas remis. La vie ne les a pas jetés à la rue, elle les alimente en bière et en pommes de terre, sur des perrons mal entretenus ou dans des mobile homes aux cloisons fragiles. Leurs voisins sont des couples avec trois gosses qui dorment au cul de leur pick-up, sous une bâche, un peu à l'écart du centre, souvent dans des impasses. Il y a quelques familles comme ça. On les connaît. À Veneta, le sens de la communauté compense l'absence de centre-ville ; la ville est étale, mais on se dit bonjour quand on se croise. Population blanche à 80 %. L'office du tourisme essaie de fourguer du bien-être, de la vie saine à volonté. Les beautés de la Willamette Valley. On fait du paddle sur la rivière, on observe les grands échassiers, on déguste les bons vins d'Oregon sur des coteaux nickels. On s'emmerde.

À Veneta, aujourd'hui comme hier, il n'y a pas grand-chose à faire et Hillary Clinton ne changera rien à l'affaire si elle est élue présidente des États-Unis d'Amérique. C'est une petite ville, où le présent ressemble à un souvenir et ce souvenir est un privilège moderne. L'exception à la règle, c'est l'Oregon Country Fair où, une fois par an, tu peux te balader le corps enduit d'argile verte, une couronne de fleurs des champs autour du front. Je parle en connaissance de cause. J'avoue. J'ai fait ça. Le torse vert.

J'ai des piles de souvenirs de l'Oregon Country Fair. Les plus tenaces remontent à l'enfance, quand John m'y promenait sur ses épaules. J'adorais dominer les stands et voir, par-dessus la forêt de crânes, les bands faire trembler les scènes en jouant trop fort. John m'a souvent dit que, durant nos premières années, il me considérait comme le trophée d'une victoire imméritée, une médaille usurpée, un cadeau volé. Il ne me prenait pas dans ses bras, il me brandissait. Et quand je montais sur ses épaules, il s'assurait qu'alentour les gens nous regardaient et qu'ils enviaient le bel homme qu'il était, portant en pendentif une petite blonde radieuse.

Ma première foire date de 1983. On venait à Veneta pour les vacances. On prenait le bus depuis Montréal. C'était Noël en plein été, l'Oregon Country Fair. Les bénévoles avaient ratissé tous les sentiers, rempli des milliers de brouettes, avant de recouvrir de paille les principaux chemins qu'on devait emprunter. Sur la porte du frigidaire, j'ai aimanté la photo de moi en débardeur à rayures roses et jaunes, les cheveux brouillés de paille et les joues craquelées de boue. J'avais tout juste trois ans. On voit ma mère à l'arrière-plan. Sous un chapeau à larges bords, elle éclate de rire. À l'arrière-plan. C'est son endroit préféré sur terre : l'arrière-plan.

16

D'où me vient l'impression d'être née trop tard ? Est-ce qu'on n'est pas tous nés trop tard ? Nés après. Mais après quoi, après qui ? Est-ce qu'on n'est pas tous des retardataires, condamnés à être fascinés par les années qui ont précédé leur naissance ? Des enfants tordus. Des fêtards dépassés. La course avait débuté, quand on est venus au monde, dix bonnes longueurs dans la vue. On allait devoir cravacher pour rester dans le flow. On allait devoir batailler pour saisir d'où l'on vient et adhérer à la poêle, à la putain de poêle Tefal qu'est la vie matérielle. Croire en soi, croire que soi, ce truc anachronique et pataud comme un crapaud de dix tonnes, croire que soi vaut la peine d'être creusé, transvasé, nettoyé, pour devenir autre chose que soi.

On tirait sa valise sur cent mètres et on trouvait où frapper. Pas chez n'importe qui, bien sûr. Mais merde, il y avait des solidaires, toujours quelqu'un pour ouvrir sa porte, sans sortir du placard un fusil à pompe. Valait mieux être blanc, c'est sûr. Valait mieux être blanc et hétéro. Valait mieux être blanc, hétéro et protestant. Valait mieux être blanc, hétéro, protestant et riche. Mais si j'avais coché toutes les cases, le bonheur aurait eu un goût de fiente. Un flamant rose, qu'est-ce que tu crois, ça chie aussi. Et puis, au moins, j'aurai vécu Stonewall. Et rien que pour ça, tu vois, c'étaient de bonnes années. Tu te rends compte qu'Obama vient d'en faire un monument national ? Du Stonewall Inn. C'est pas croyable. Il faut du combat, il en faut, sinon tu passes ton temps avec ta petite cuillère en argent dans le trou du cul.

Au printemps 1969, quelques mois avant la toute première foire, John avait traversé le pays en enchaînant bus, trains et autostop. Direction Manhattan. Il y avait retrouvé Madeline et Franziska, qui vivaient en plein cœur du Village, une maison sur deux étages où elles partageaient leur quotidien avec cinq chats et un perroquet. John les avait rencontrées à Portland, au cours d'une soirée trop arrosée où il s'était fait tatouer les mots *free as a greylag goose* sur la cheville droite, au niveau de la malléole, ce qu'il regretta illico en hurlant dans son poing.

Chez les oies cendrées, tu comprends, un couple sur cinq est composé de deux mâles. J'ai trouvé ça malin.

Dans la nuit du 27 au 28 juin 1969, vers une heure du matin, des homos, des drag-queens, des trans, des lesbiennes décident de résister à une énième descente de police dans le bar gay The Stonewall Inn, au cœur de Greenwich Village. Ils encerclent les policiers venus les appréhender. Un flic lève sa matraque, une folle lui répond en lui plantant son talon dans l'épaule. Ça part en vrille. C'est le début de six nuits d'émeutes devenues légendaires pour la cause homosexuelle. Ces six nuits ont changé la vie de millions de personnes. Et John y était. Il avait vingt-sept ans et un tatouage à sa cheville indiquait qu'il était *libre comme une oie cendrée.*

C'est la première fois de ma vie que j'étais heureux d'être homosexuel. Que je le vivais comme un cadeau et même un privilège. Je te parie que sur le coup de trois heures du matin, avec les poings serrés et le sourire aux lèvres, j'ai dû remercier mes parents de m'avoir fait pédé. On était plus de deux cents personnes dans ce bar miteux que la mafia tenait par les couilles. C'était ma communauté. Ma famille du Stonewall.

On raconte sa jeunesse et ce n'est plus qu'un film pixélisé à l'excès, projeté sur un drap troué. Quand j'écoutais John, ces derniers temps, ressasser les années 1960 à Portland ou New York, il peinait à rassembler les morceaux. De longues plages de silence hachaient ses prises de parole. Il était là, plein de cancer et de gratitude. Il répétait : *C'était bien, c'était bien, tout ça, c'était bien.* À quel point c'est vrai, je ne sais pas. L'être humain tient trop au roman de sa vie pour ne pas s'arranger, bon gré mal gré, avec les pages qui le composent.

On était les enfants des cyniques et de Thoreau, les disciples de Milk et de Matlovich, certains adoraient le jazz et la Beat Generation, d'autres étaient des fondus du mazdakisme. Il y avait des militants inflexibles, des anarchistes anti-Papa, des amoureux de l'amour, des timides transcendés, des purs et durs. On partageait des chambres modestes et des rêves extravagants, des comics avec Spiderman en couverture. On errait dans des cuisines au frigo sec, mais on s'en foutait, on planait sur des tapis persans, on voyait des lucioles grouiller dans nos têtes, on s'endormait les uns sur les autres dans des fumoirs-baisoirs. Nous, on cherchait l'Amour-Inconditionnel-Pour-Tout. Le vieil échafaudage de tout un monde s'effondrait. Oh, bien sûr, on pouvait faire confiance aux cheveux en brosse et aux raies sur le côté pour remonter ça vite fait. Et si on croisait des Noirs, on évitait qu'ils les lynchent. Et si on croisait des pauvres du Midwest, on évitait qu'ils les humilient en leur montrant un billet de vingt dollars. Et si on croisait une mère seule avec ses trois gosses sur les bras, on portait ses kids, pour la soulager. L'Amour-Inconditionnel-Pour-Tout, Jodie. Un jour, je rentrais de la Columbia Pool, j'avais fait mes dix longueurs, eh ben je l'ai vu, moi, je l'ai vu en personne. C'était lui. Je sais que c'était lui. Il était là, dans la rue. L'Amour-Inconditionnel-Pour-Tout. Il n'avait pas l'allure de n'importe qui. C'est tout ce que je peux te dire, Jodie.

17

John sort des toilettes en traînant des pieds. Il essaie de me sourire. Il n'y parvient pas. Sa dent fait pitié. Il marche à pas lents vers l'évier. Un coup de liquide vaisselle dans la paume. Pour pisser, il lui aura fallu six minutes trente, six minutes trente durant lesquelles j'ai écrit ses Mémoires sauvés du vent. À main levée. C'est un premier jet. C'est le dernier. Son testament, posé là dans ma tête. Inutile, comme tous les testaments. À la fin, le vent l'emporte.

— Tu disais ?

— Sans brusquerie, Jodie.

— Je ne te brusque pas.

— Il n'était pas mauvais, cet osso buco.

— Pas bon, mais pas mauvais.

— C'est ça : pas bon, mais pas mauvais.

— Arrête de charrier. Maintenant, je t'écoute.

Nos assiettes sont presque vides. John a saucé la sienne avec une demi-tranche de pain de mie, qu'il mâche encore, si j'en crois le mouvement ininterrompu de ses maxillaires. Une mouche. Le retour de la mouche. La putain de mouche de chez Phil m'a suivie jusqu'ici ; elle tourne, elle colle. Je vais lui faire regretter d'avoir voulu voir Sherwood. Les objets. Leurs histoires. Ça tourne, ça colle. Une strophe d'un poème de Ferlinghetti apprise par cœur me fend le crâne, à tombeau ouvert, encore et encore. Tout près, la plainte aigre d'un cassenoix, tombée de sa forêt de pins. John tombe en poussière sous mes yeux ; j'aimerais baiser sa poussière, comme le vassal la main de son seigneur. Il a taché sa chemise. Une belle tache.

— Tu as dit : *C'est faux*. Tu parlais de quoi ?

— Ce n'est pas facile.

Il me regarde dans les yeux, ça dure ce que ça dure. Les mots vont cesser d'être des morceaux de nuit ou de savon, je le sens. Il se lève, fait le tour de la pièce. Dans le coin où survit l'antique système audio, il attrape le boîtier d'un CD encore sous blister. Il retraverse la pièce à pas lents, ses maxillaires toujours au travail.

— Je te fais un café, Petit Cœur ?

— Je vais le faire. Pourquoi tu me mets ça sous le nez ?

— Tu vois.

— Ouais, je vois.

— C'est ta mère qui me l'a envoyé.

— Ah ouais ? À quelle adresse ?

— Là, chez Mitchell.

— Suzanne a l'adresse de Mitchell ?

— Bien sûr qu'elle a l'adresse de Mitchell.

— *You want it darker*.

— Tu l'as écouté, ce disque ?

— Juste des bouts à la radio.

— Moi, j'ai pas la force. Prends-le.

— Qu'est-ce que tu cherches, P'pa ?

18

Je suis sans nouvelles de ma mère depuis des semaines. Elle s'occupe de ses pseudo-patients sur un parking de Venice Beach, face au Pacifique. Dans son château de princesse beat. Un van qu'elle a personnalisé en couvrant la carrosserie d'un bardage de bois. Ça ressemble à un chalet qui ressemble à une roulotte qui ressemble à un abri de jardin. C'est hideux ; elle adore. Charlie Bird Parker ou Stan Getz à fond dans la cabine. Des mantras, des gazouillis zen. Sur sa table qui sert pour les repas comme pour le reste, elle malaxe des retraités congestionnés, qu'elle enduit d'huiles essentielles fabriquées par ses soins. Avec ses vieilles mains aux ongles peints pour pas cher et un foulard bariolé sur la tête. Ça lui paie sa bouffe, ses petits effets. Elle vit de peu, elle sait faire ça, Suzanne. Elle est toujours d'une beauté agaçante. J'ai pris d'elle un peu de cette beauté qui fait chier le monde. Pas toute, j'en ai conscience. Une partie. C'est cette beauté foudroyante qui lui a valu d'être aimée par les apollons de son temps et d'être aujourd'hui courtisée par de vieux Californiens bouffis de carotène.

J'avais cinq ans quand Suzanne m'a abandonnée. Abandonnée à John. Fourguée à son meilleur pote. L'étoile de Veneta, Oregon, égarée à Montréal, Québec.

Il avait été un super danseur ; à quarante balais, il l'était toujours. Doué, mais pas seulement ; quel bosseur. Corps impeccable, technique intacte. Suzanne a donné son prénom à l'une des bougies qu'elle fabrique depuis la nuit des temps ; en signe de grande affection. La bougie *John*. John le gentil, John le drôle, John le pédé, super open, pratique.

Elle ne va quand même pas voir que ma gueule pendant toute sa vie, cette enfant. Elle s'en lasserait. Elle m'en voudrait de lui imposer mon sourire du matin au soir. D'autant que je ne souris pas toujours. Et puis j'ai l'impression qu'au fond, elle t'aime plus que moi, John. Non ? Tu ne crois pas que Jodie t'aime plus que moi ? Moi, je crois que si. Elle t'aime plus que moi et moi j'ai des choses à faire, avoue que ça tombe bien. Prends-la avec toi. Quelque temps. Tu en rêvais, non ? Elle est si mignonne. Ronchon, mais chou. Quelques semaines seulement, tu veux bien ? Oui ? Oh je t'adore, Johnny, je t'adore, tu es l'étrange domicile naturel de mon âme. Au revoir, Jodie.

Je ne savais pas qu'on pouvait faire un enfant et lui dire un jour : *Je serai un peu moins ta mère, ma puce, tu vas t'y faire.*

Salut, John. Je te connais bien, John, puisque tu es mon parrain. Tu m'as offert un ocarina avec un faon gravé dessus. Tu m'as offert un vrai poussin, je l'ai baptisé Souvenir, Souvenir le poussin, mais il a disparu du jour au lendemain, on l'a cherché partout, il n'est jamais revenu. Tu m'as offert une toupie multicolore, des chaussons de danse couleur crème. T'es gentil, John, avec tes dents super alignées. C'est tes sourcils, ça ? C'est bien tes sourcils ? Ils sont bizarres, tes sourcils. Comme des chapeaux pointus. Je l'ai toujours pensé, mais je n'ai jamais osé te le dire, j'avais peur que tu le prennes mal. Maintenant, je peux. Tu ne vas rien prendre mal, n'est-ce pas ?

19

Les secondes se distendent encore. Le visage du temps n'en finit pas de changer. Je regarde le disque de Cohen posé sur la table. Le battoir à linge. Le pressoir à cigares. Les arbres par la fenêtre. La mouche tourne et colle. Elle se pose sur mon front, je la chasse, elle revient, je la chasse, elle me suce le lobe de l'oreille gauche. Je la laisse faire. John essaie de me regarder, mais son regard s'écrase sur le sol de la cabane.

Je lance le café et pendant les trois minutes et quarante secondes que ça prend, je plonge en moi, avec une petite cuillère en inox, pour ramasser les morceaux épars de ma personne, noyée dans le café moulu.

Les histoires passent par dizaines au-dessus de nos têtes, comme des théorèmes dans celle d'un matheux. Elles s'entrechoquent dans un silence brutal. Histoire du battoir à linge, histoire du geai, de la sonnette. Et notre histoire à nous, en plein fracas. Andrew Lester, Candice Sharp, Trisha Brown, Anton Tchekhov, ma mère. Elle est immense, l'ombre des autres sur nos vies. De moi, ce que je comprends le mieux, ce sont les autres. On n'a pas d'histoire en dehors des autres. Je n'ai pas d'histoire qui soit mon histoire sans être d'abord celle des autres. Dans l'histoire du battoir à linge, il y a mon histoire. Dans l'histoire de l'oiseau empaillé, il y a mon histoire. Dans la sonnette d'hôtel. Dans ces vieilles caisses de bière recyclées. Dans cette fenêtre qui donne sur les arbres. Il y a mon histoire, qui tourne et qui colle, comme cette mouche.

Moi, je peux me vanter d'avoir été comprise. Oui. J'ai été comprise. Par John comme par personne. J'espère qu'il le sait. Que grâce à lui, je me suis sentie comprise. Il tousse, merde qu'est-ce qu'il tousse. Son visage passe du gris au pourpre et du pourpre au gris. Est-ce que je l'ai compris, moi ? Est-ce que je lui ai donné le sentiment que je le comprenais, même quand ce n'était pas vrai ? Ce serait bien que mon père meure avec cette certitude : qu'il a été compris, qu'il n'a pas passé son temps à hurler dans le désert, comme la plupart des gens.

20

Je jette le blister à la poubelle, attrape le CD entre le majeur et le pouce, le glisse dans la platine. J'appuie sur *play*. Grincement électromécanique. Je voudrais embrasser John, comme on enfonce son pied dans une source, dans l'espoir de se guérir de toutes les blessures. Je me rassois en face de lui, transie. Il tousse encore. Dehors, le cassenoix lui répond. Je pose mes souvenirs sur le sol caillouteux, dans les aiguilles et les feuilles, sous les poils du renard qui, le soir, vient humer l'air. J'écris qui je suis avec un bâton fin dans un cercle de terre qu'une main mystérieuse effacera avant la nuit.

— Maintenant, Jodie, regarde-moi.

— Pas tout de suite.

— Mais je suis prêt.

— Moi, je ne le suis plus.

— Alors qu'est-ce qu'on fait ?

— On écoute ça.

— T'as pas mis la plus gaie.

— Je crois que tout le disque est comme ça.

— On en est tous au même point, Petit Cœur.

21

Les autres. L'ombre des autres pèse sur nos vies : grand parasol encombrant, blister noir sur nos chansons favorites et nos élans, suaire sombre, à densité variable. L'ombre des autres recouvre nos gestes et oriente nos pensées. Elle nous lèche les cuisses comme une chienne en chaleur, nous mord la nuque et plante une paille dedans. Elle nous vampirise, nous suce la moelle, ne nous laisse jamais tranquille.

Dans la vie de tout le monde plane une ombre plus ample que les autres. C'est *la grande ombre*. C'est Napoléon dont l'ombre pèse sur l'Europe, dans le roman de Conan Doyle. La grande ombre dicte sa loi. Son influence est considérable, mais on ne la saisit pas toujours. Il arrive qu'on ne l'identifie pas. Si c'était si facile, on verrait moins de psys. La grande ombre tient dans le poing deux brides de cuir noir, comme jadis les cochers, et quand elle tire dessus, on sent une tension au niveau des mâchoires. Elle nous tient. Elle pénètre tout, infecte tout, pourrit tout. On ne la comprend pas, parce qu'on ne comprend jamais l'autre et encore moins son ombre. Le général nous étouffe. Le vis-à-vis fait défaut. On remarque qu'il fait noir en soi et on se demande pourquoi.

Ma grande ombre s'appelle Billy. Billy Diabilis. Et si John a l'intention de me parler de lui, alors je préférerais qu'il dise Billy. Ou Diabilis, tout court. Qu'il ne prétende pas que cet homme et son ombre puissent être considérés comme mon père. Je n'ai jamais vécu avec l'idée d'un autre père que John. Il n'y a jamais eu d'autre père. J'ai un père unique, qui a été mon père, ma mère, ma sœur et ma meilleure amie. Toutes les fonctions sentimentales, il les a occupées, sans rien demander. De toute façon, tous les pères sont des abstractions. Des prête-noms. Des ombres. Aucun corps valable. Tous. Excepté John. Mais John a rempli tous les rôles, pour casser les lignes.

Quand il a appris que Suzanne était enceinte, Billy Diabilis s'est carapaté vite fait bien fait, adios amigos. Du jour au lendemain. Il est sorti du chemin. Il est rentré chez lui. Nulle part. Ma mère m'a élevée seule jusqu'à mes cinq ans. J'ai passé mes premières années au milieu des bougies, des pancartes de protestation et des tableaux inachevés. À Montréal, tout au bord du Saint-Laurent. Dans un grenier. Elle a toujours appelé ça *le grenier*, mais c'était un loft, un loft dans un entrepôt et de larges fenêtres donnaient sur le fleuve ; je devais me hisser sur la pointe des pieds pour l'apercevoir. J'ignore si je m'en souviens ou si j'ai recomposé l'image à partir des récits de John et Suzanne.

22

Les dernières notes de *Leaving the Table* s'épuisent dans la cabane, relâchant les sons du dehors : le vent, les insectes, la rumeur lointaine des voitures. Une autre chanson commence : *If I Didn't Have Your Love*. Je veux que se dévide en moi ce ruban de pensées, toutes abîmées par la mort qui rôde et le pouvoir de ne rien faire, sinon manger un osso buco, prendre un café, écouter une chanson. C'est ce qu'on fera encore, après. J'écouterai Leonard Cohen en repensant à ce jour de printemps orégonais, à cet instant face à John, dans la cabane de Mitchell et Cynthia, avec son aveu sur le bout des lèvres et ses ongles en sale état, qu'il triture comme s'il espérait s'en débarrasser.

Je reprends une tasse de café, John dit : *Non merci*. La chanson de Cohen est belle ; dans sa voix, on sent que le temps a passé. Sous sa couverture de laine épaisse, le silence fait son poids, ni plus ni moins. Je continue de le chérir, il est une autre parole entre nous, un autre espace pour John et moi, un refuge après la pluie.

Ma mère a tenu cinq ans, puis c'est devenu trop dur pour elle. J'étais sans doute trop remuante, trop agitée, encombrante. J'étais trop lourde. Il fallait qu'elle adopte des chats, qu'elle customise un van qui ressemble à un élément de décor de *Dark Crystal*, il fallait qu'elle aime des hommes, qu'elle se laisse aimer et qu'elle danse à s'en faire péter le cœur. Au nom d'une époque dont elle porte le deuil à jamais, pauvre éclopée, rescapée de feux de joie éteints cent fois. J'ai une mère zinzin. La chanson dit : *à moitié folle*. Je m'y suis faite. Je l'aime bien, disons, oui, je l'aime comme elle est, comme on aime les gnomes dans les contes de fées, avec un mélange de compassion et de terreur. Je lui rends visite une fois par an, en général au printemps. Jamais en avion, cela va de soi. Voiture, autocar, train, j'aurai tout fait. Los Angeles me débecte. L'Ocean Front Walk, c'est l'enfer sur terre, avec ses martyrs par milliers. On s'appelle une fois par mois ; elle est toujours gaie. C'est à se flinguer. Je l'admire. C'est vrai. Au fond, je l'admire. J'ai envie de l'admirer. Je m'efforce.

Elle a été aimée plus que de raison. Aimer, comme être aimée, CQFD, conduit à la perte.

Suzanne t'emmène écouter les sirènes
Elle te prend par la main
Pour passer une nuit sans fin

23

C'est l'été 1964. John Casterman a tiré le rideau sur la maison rouge et noir d'Andrew et la confrérie de zoulous qui la peuplait : des chercheurs d'or, des fumeurs d'herbe magique, des trappeurs modernes, des hors-sujet. Il gagne sa vie comme aide-cuisinier à El Gaucho. Pendant plusieurs mois, il a livré *The Oregonian*, mais on lui a piqué son vélo. Il sait qui c'est. Un Pierluigi Brioni qui a sa petite réputation et qu'il trouve sublime.

Depuis qu'il a débarqué à Portland, John s'entraîne tous les jours, des heures et des heures, dans tous les lieux possibles : une petite salle du Portland Armory, la salle de sport d'une école tout près du Mount Thabor Park et dans l'un des bâtiments du YMCA, dans le quartier d'Ashcreek. Il bosse dur, comme tous les autodidactes qui rêvent d'un parcours classique, mais le vomissent. Dans ses rêves, il est souvent accompagné d'autres danseurs ou danseuses, rencontrés au gré de soirées ou par le biais d'amis. Tous s'accordent à dire qu'aucun n'est aussi doué que lui. John aime dissocier le haut de son corps de ses jambes et il est obsédé par la pureté du mouvement. Il a passé sa première audition pour une certaine Carolyn Carlson, danseuse formée au Reed College et qui appartient à la compagnie

Pacific Ballet Theatre. Elle l'a choisi pour un spectacle dont elle aimerait elle-même signer la chorégraphie, peut-être à l'automne 1965.

John s'est installé avec Mark sur les bords de la Willamette, dans un studio délabré, Mark qui restera son premier amour adulte.

Mark a écrit pour le *Portland Challenger* jusqu'à la faillite du journal deux ans plus tôt. Il s'est réinventé négociant en céréales et passe son temps dans les fermes orégonaises, à discuter des conditions de vente du blé, de l'orge ou de l'avoine, avec des mecs plus ou moins conciliants. John se souvient qu'au centre de l'unique pièce qu'il partageait avec Mark trône un Skyscope de plastique noir sur son tripode. À l'époque, ce truc valait dans les cinquante dollars.

Sans être un fondu des étoiles, Mark est dingue de cet objet. L'oculaire grossit soixante fois, pas suffisamment pour voir les milliards de milliards de poussières et de blocs de glace qui forment les anneaux de Saturne, mais assez pour percer l'intimité des voisins, ce que Mark adore faire le soir, avant de se mettre au lit. Il place le Skyscope face à la porte-fenêtre du studio qui donne sur un balcon étroit et pousse un soupir satisfait quand il plaque son œil sur l'oculaire. John épie Mark en train d'épier, c'est un plaisir honnête. D'autant que Mark est un voyeur inoffensif, un poète de l'espionnage. Certes, son intention demeure intrusive, clandestine. Mais Mark se contente de commenter la vie des autres, il lui gratte le dos avec l'ongle du petit doigt pour en ôter le vernis. Mark est fou d'intimité. Comme tous les voyeurs. Mark ne se masturbe pas, l'intimité des autres ne le fait pas bander ; ça lui donne plutôt envie d'écrire ou de dessiner. Hommes ou femmes, vieux ou jeunes, Mark mate tout le monde avec un sens de l'équité tout à son honneur.

Cet été-là, vers la fin juillet, Mark a fixé son attention sur une très belle fille qui occupe depuis une semaine l'appartement du deuxième étage de l'immeuble d'en face. Elle met de la musique à un volume assez élevé pour que John et lui reconnaissent *Chapel of Love* des Dixie Cups ou *Under the Boardwalk* des Drifters. Elle danse avec l'énergie du diable, son corps comme un étendard à la fenêtre, un drapeau qui dit que l'Amérique est à venir et qu'on se fout du reste. Elle a les fesses toujours moulées dans un short en jean et c'est la reine des débardeurs. Les pieds nus et une bière à la main. Une fille canon, une fille sexy. John et Mark sont d'accord là-dessus : cette fille est *groovy*.

Et un soir, elle remarque le tube noir du Skyscope braqué sur elle. Et elle voit ces deux jeunes mecs dans l'immeuble d'en face, l'un assis derrière la lunette, l'autre debout à ses côtés, un verre à la main. Et elle leur fait coucou. *Coucou les gars, ça va, ça se passe bien ?* Mark se lève d'un bond, comme un gosse pris en flag de vol de sucettes, John toussote et répète que *fuck, fuck, fuck ça devait arriver*, répète que *ce n'est pas bien de faire ça, pas bien, pas bien*, répète qu'elle pourrait appeler les flics, *elle pourrait, les flics, elle pourrait les appeler, parce que c'est quand même un peu du, du, du harcèlement, de la violation, non ? Est-ce que ça se fait, ça ? Non mais Mark c'était ton idée, ton idée. Ah mais tu m'as quand même bien encouragé, John. Pas du tout. Mais si. Pas du tout.* La fille leur fait signe de la rejoindre. *Quoi ? Mais non. Si si.* Elle fait de grands gestes avec les bras et elle hurle à travers Taylor Street : *Ramenez votre fraise, la Nasa, j'ai des Schlitz au frais.* Alors, parce que les bons petits garçons américains doivent toujours obéir quand on leur donne un ordre, John et Mark sortent de chez eux, traversent la rue. Il y a du monde devant le Fox Theatre. Mark et John ont l'impression que la foule s'est réunie pour les juger, les punir, les envoyer au trou. En montant les deux étages qui les mènent à la Reine des Débardeurs, John et Mark se demandent à quelle sauce ils vont être mangés.

Je ne sais pas si ma mère était dans l'optique de coucher avec les deux d'un coup et si elle a été déçue en comprenant que les beaux gosses à qui elle a ouvert la porte étaient en couple. Je parie que oui. Elle a toujours prétendu le contraire, mais je crois qu'elle voulait de l'amour et du fun. Elle était à Portland pour un mois, dans l'appartement de la tante Carol, partie visiter l'Italie. Jamais revenue d'ailleurs, mais c'est une autre histoire.

— Tu viens d'où ?

— J'habite à Montréal. Ici, c'est chez ma tante.

— Ah t'es québécoise.

— Ouais. Et toi ?

— Je suis de Veneta. Mark est de Salem.

— T'es artiste ?

— Ouais.

— Ça se voit.

— Ah bon.

— T'es acteur ?

— Disons plutôt danseur.

— Non ?

— Si.

— Moi aussi, je danse.

— Je sais. J'ai vu. Je suis désolé.

— De quoi ? Vous êtes des curieux, c'est tout. C'est bien, la curiosité. C'est sain.

— J'adore ton énergie. Quand tu danses. Ce que tu dégages. Tes saccades. J'adore ça. Tu syncopes, quoi. Vraiment bien.

— Tu connais des gens ici ? Des chorégraphes ?

— Quelques-uns. Je vais bosser avec une fille d'ici, Carolyn Carlson.

— Je ne la connais pas, mais elle a l'air super.

— Elle est super.

— Elle a l'air.

— Tu fais quoi demain ?

Ainsi commence la longue amitié de John et Suzanne, autour d'une batterie de Schlitz bien fraîches et d'un Skyscope paralysé, que Mark ne peut s'empêcher de fixer, là-bas, sur son mirador, tandis qu'il lape sa bière, assis sur le tapis moutonneux de cette fille tellement groovy.

Et aujourd'hui, plutôt que venir à Sherwood pour tenir la main de John une dernière fois, une dernière fois avant qu'il meure et que son corps ne nous laisse plus aucune chance de l'embrasser, elle lui envoie un disque. Pas n'importe lequel, bien sûr. Mais elle ne prend pas l'avion.

24

— Il ne faudra pas que tu nous en veuilles, à ta mère et moi. Parce que je ne voudrais pas partir avec ça, tu vois, avec ta rancœur, avec ta colère. Ce sont des sentiments humains, mais ça ne doit pas être les nôtres. Il ne faudrait pas que tu sois tentée de nous en vouloir. Les parents se trompent toujours de réponse, parce qu'ils se trompent de question.

— Je ne veux rien savoir, P'pa. Je crois que je ne veux rien savoir. C'est mieux. Je ne cours pas le risque, moi. C'est un risque, je sens que c'est un risque. On s'aime toute une vie et le dernier jour, tu dis un truc, tu vois un truc, tu fais un truc qui fout tout par terre, un truc qui fait que toutes les portes se referment d'un coup. Les souvenirs sont balayés. Et toutes les fenêtres s'éteignent, l'une après l'autre.

— Tu sais donner confiance, toi.

— Je n'ai pas envie qu'on se fâche.

— Je te rappelle que tout le monde a plus ou moins le même cœur, Jodie. Ne l'oublie pas. Garde ton cœur semblable au mien.

25

1965. Ma mère vient d'avoir dix-neuf ans. Elle habite son *grenier* sur les bords du fleuve Saint-Laurent, avec des amis de passage, des amis d'amis de passage : squatters patentés, losers à l'allure folle, jeune marquis français échappé de sa lignée et qui se peint les ongles en jaune, admirateurs à bout de souffle. Elle vient de quitter un sculpteur aux cheveux longs, le tombeur de Montréal. Tombé. Des heures durant, elle danse sur les rives du Saint-Laurent, elle achète des bougies, elle traîne en terrasse, lit de la poésie beatnik, ça la remplit. Elle croise des dizaines de poètes du dimanche qui lui garantissent tous qu'ils voient dans son regard, mieux que quiconque, l'infinie tristesse des anges. Ça la vide.

Leonard Cohen a dix ans de plus qu'elle. Quand elle le rencontre, c'est un poète bardé de bonnes intentions qui commence à avoir un semblant de reconnaissance. Il a déjà publié deux recueils, *The Spice-Box of Earth* et *Flowers for Hitler*. Son roman, *The Favorite Game*, sorti deux ans plus tôt, a reçu un accueil mitigé. Plusieurs critiques l'ont jugé trop sombre et égocentré. Cohen a déjà fait de la musique, dix ans auparavant, avec son groupe The Buckskin Boys, mais il se rêve écrivain indiscutable, poète émérite. Il a voyagé dans toute l'Europe pour y chercher l'inspiration. Il a le regard d'un chien sans maître et sa moustache déprime sous une casquette de toile. Sur l'île grecque d'Hydra, il a rencontré une jeune Norvégienne. Dans une épicerie, par hasard, il devait acheter des olives noires et elle du savon au lait de chèvre, qu'est-ce que j'en sais. C'est la femme de l'écrivain Axel Jensen, mais Cohen l'ensorcelle. Marianne Ihlen devient l'une de ses muses. C'est pour elle qu'il écrira *So long, Marianne.*

À treize ans, après avoir lu un livre sur l'hypnose, Cohen fait se déshabiller la servante de la maison. Comme ça. Pour voir. C'est le début d'une longue série de strip-teases. C'était le temps où les femmes s'étranglaient de bonheur devant Dean Martin ou Elvis. C'était le temps des ménagères de vingt ans qui jetaient leur tablier sur les scènes. C'était le temps des groupies. Il y avait des femmes pour raffoler de n'importe quel écrivaillon pas trop moche, des femmes qui tripaient sur les hommes blessés, les blasés chroniques, les romantiques vaseux. Ça les changeait des rednecks en salopette qui se grattaient les couilles en se plaignant du progrès ou des men in suits qui n'oubliaient jamais de sortir de chez eux avec un balai dans le cul. Cohen réunissait un bon paquet de critères valorisants et il ne se gênait pas.

En 1965, Cohen connaît déjà ma mère. Ce n'est pas une intime, mais ils fréquentent les mêmes endroits à Montréal. Plusieurs fois, ils se sont parlé. Elle a aimé *Flowers for Hitler*. Elle pense qu'il a du talent. Comme les autres, Cohen trouve exceptionnelle la beauté de Suzanne. Et encore, il ne l'a jamais vue danser. Ensemble, ils parlent de la poésie de Lorca et de Yeats, des good vibes, des bad vibes, des papillons monarques et de l'harmonie.

— Chaque poème, Suzanne, est comme un appel qui attend une réponse.

— Et Gregory Corso, est-ce que tu as lu Corso ? *Gasoline*, tu l'as lu ?

— *Impossible pour moi de trahir même l'arbre le plus simple.*

— Je me suis dit : c'est comme un volcan, en plus dangereux.

— J'adore la vue de ta fenêtre.

— J'ai de la chance. Ce n'est pas grand, mais c'est bien situé.

— Je regrette de ne pas savoir coudre.

— Je t'apprendrai si tu veux, ce n'est pas sorcier.

— Tu as des yeux passionnants.

— Merci.

— Deux soleils hypnotiques.

— Toi et moi, on ne couchera jamais ensemble, Leonard. Jamais.

— Oh je sais.

— Tu sais ?

— Oui, je sais.

— Parce que tu n'as pas envie de moi, Leonard ?

— Tout le monde a envie de toi. Mais moi, à ton contact, je me change en pétale de rose.

— Alors reprends du thé.

Le soir, ils allument ensemble des cierges à Notre-Dame-de-Bon-Secours. Ils voudraient que le monde soit plus habitable, qu'il y ait moins de neige en hiver et plus de fric pour les déshérités, ils voudraient que l'art occupe une place centrale dans la destinée des hommes et des femmes, quelle que soit leur origine sociale, *tu vois, parce que sinon merde, c'est toujours les mêmes qu'on voit au théâtre ou au concert, non ?* Ils se demandent si le monde entier pense comme eux ou s'ils sont les seuls. Ils se rêvent grands artistes proches de la réalité de chaque être, poreux à toutes les douleurs. Ils partagent des valeurs et des intuitions, ils espèrent de tout cœur réussir à ne pas baiser ensemble, *sinon ça gâcherait quelque chose, je crois. Qu'est-ce que tu en penses, Suzanne ? Je suis d'accord. Et toi ? Je suis d'accord.*

Elle lui prépare du thé au jasmin qu'elle achète à Chinatown avec des zestes d'orange au fond de la tasse. Assis en tailleur dans le grenier de Suzanne, ils gobent des quartiers de mandarine, à la lumière d'une bougie qu'elle a baptisée Anastasia. Elle lui parle de ce jeune danseur gay qu'elle a rencontré à Portland l'été d'avant. Il lui a rendu visite à Montréal en octobre, le temps de refaire le monde à leur image et de ne pas voir de baleine dans le Saint-Laurent. Par la suite, ils ont passé décembre en Floride, où John répétait un spectacle avec Viola Farber, une danseuse de Cunningham. Suzanne présente John comme son meilleur ami, son âme sœur. Elle l'a toutes les semaines au téléphone. Leonard l'écoute, tout en faisant tourner des vers dans sa tête ; il y construit des strophes, qu'il replie sur elles-mêmes comme des messages d'amour secrets, pour mieux les ranger derrière son oreille, avec les colombes du magicien qu'il aurait pu devenir, si les mots ne lui coulaient pas ainsi dans les veines.

L'été 1965 leur appartient. C'est leur été. Leur seul été. L'été du thé au jasmin, bu à la lumière d'une bougie, tout près du fleuve, dans une mansarde où Suzanne fabrique ses propres vêtements, comme en témoigne la vieille Singer plaquée à un mur. Pour la remercier d'avoir été de presque toutes ses nuits, Leonard offre à Suzanne un poème : *Suzanne takes you down.* Il le lui lit, sans renoncer à lorgner sa culotte, sous la jupe qu'elle a retroussée, parce qu'elle a chaud. Elle adore ce poème, elle l'adore, elle en a les larmes aux yeux. Lui aussi. Ils se serrent l'un contre l'autre, comme deux adolescents que la fin de l'été rend trop sombres pour qu'ils s'embrassent sur la bouche.

Le poème de Leonard pour Suzanne est publié dans *Parasites of Heaven*. Judy Collins en fait du folk, une chanson qu'elle interprète dans des bars du Village. Une chanson ? Cohen se dit pourquoi pas. *Songs of Leonard Cohen* sort en 1967, avec *Suzanne* comme figure de proue de la tracklist. Premier album. Carrière lancée.

26

Dix ans plus tard, Leonard Cohen donne un concert au Hennepin Theatre de Minneapolis. Le public est magnétisé ; il pourrait demander à tout le monde de se déshabiller ; hommes, femmes, mecs en charge de la sécurité, ils le feraient tous. Cohen n'est plus le petit ashkénaze montréalais qui traînait sa dépression de bar en bar, mais une star encensée à travers le monde. Il s'est produit dans toute l'Europe et jusqu'en Australie. Il a sorti trois albums et quatre recueils de poèmes. Il a eu un fils, d'une autre Suzanne. À cette époque, toutes les femmes s'appelaient Suzanne. Quand ce n'était pas Suzanne, c'était Marianne. Quand ce n'était pas Marianne, c'était Jane. Les femmes portaient trois prénoms et les chansons de Leonard, en parlant de trois femmes, s'adressaient à des millions, qui chantaient en chœur *Bird on the Wire*, *The Partisan* ou *Famous Blue Raincoat* en voyant la fin du siècle fondre sur elles, inquiètes de savoir combien de temps vit un oiseau prisonnier de sa branche.

Ma mère est présente au concert de Minneapolis. Elle s'est payé l'avion. Elle a emprunté de l'argent. Elle a l'habitude. Elle rembourse toujours. Pour rembourser les vieux créanciers, elle emprunte à d'autres. Sa beauté, son panache, sa lumière suffisent parfois à effacer des ardoises. Les gens se disent : *Elle a une magie, Suzanne*, et ils passent l'éponge. Elle s'est bichonnée pour l'occasion, et pour une fois, pas à sa manière d'éternelle hippie vêtue de frusques empilées avec plus ou moins de pif. Elle a préféré une robe turquoise à pois violets qu'elle a achetée dans une boutique, sur le Plateau. C'est un copain à elle qui l'a dessinée, telle que Suzanne la voulait. Rico, super doué, un coup de ciseaux de folie, il ira loin. Elle lui paiera ce qu'elle lui doit, un jour. Elle n'a pas revu Cohen depuis ce fameux été au bord du fleuve, quand ses yeux étaient deux soleils hypnotiques, quand la voix de Leonard n'était qu'à elle. Chastes, ils s'étaient pris l'un l'autre en hostie. Puis il s'était mis à chanter et elle avait voyagé.

À la fin du concert, Suzanne retrouve Leonard backstage. Elle n'est pas la seule à vouloir l'approcher. Il y a les groupies classiques, les vassaux la langue pendante, un manager exaspéré qui regarde sa montre en haussant le sourcil. Cohen a encore son costume de scène, la saharienne de toile beige que Suzanne a trouvée élégante, de bon goût. Il fume, la cigarette dans sa main droite, l'autre dans la poche de son pantalon. Des boucles brunes sont plaquées sur son front par la sueur. Il discute avec une jolie fille dont la jolie coupe afro et les jolies fesses occupent tout l'espace. Au second plan, derrière les jolis cheveux noirs de la jolie fille aux jolies fesses, Suzanne adresse à Leonard un petit signe de la main et un sourire penaud. Il la remet tout de suite, elle est soulagée, on ne sait jamais avec les stars. Il s'approche d'elle. Elle est impressionnée, toutes les petites filles qu'elle a été se réveillent en elle. Elle éclate de rire. C'est nerveux, un rire sans motif, coup de canif gratuit. Il pose une main sur son épaule. Il lui sourit. Il tire une taffe. Il cherche la meilleure phrase, ne la trouve pas. Elle l'embrasse sur la joue. Cela dure une seconde, mais l'odeur de Suzanne frappe ses cellules olfactives comme un gong dont la résonance ébranle son système limbique. Le sourire de Leonard se voile. En une seconde, lui reviennent les soirs de l'été 1965, dans les rues de Montréal, quand il n'était encore qu'un poète sans guitare, un brasseur de strophes et de vent. Et elle, elle était cette fille qu'il avait désirée sans la vouloir, qu'il avait aimée autrement, comme une sœur de passage, le revers d'une médaille à sa propre effigie. Suzanne ne sait pas mieux que lui s'emparer de cet instant qui fait d'eux ses jouets. Alors, par dépit sans doute, Leonard se penche vers Suzanne et balbutie :

— *Oh Suzanne. You, you offered me a beautiful song.*

Elle le remercie, puis disparaît dans la nuit, la demi-folle, la zinzin, un bourdon dans l'oreille.

27

Suzanne marche dans les rues de Minneapolis, les pieds nus, ses escarpins à la main, parce qu'ils lui font un mal de chien. Une Cendrillon de trente-cinq ans qui va s'en jeter un petit dernier avant de brûler tous les princes de l'univers comme des bâtons d'encens. Elle plonge en elle-même, voudrait relever le plafond de sa tête d'un bon mètre cinquante et virer pas mal d'affaires si possible, repeindre les murs en rose poudré ou en doré et apporter un calme fantastique à ce grand bordel, pour s'endormir enfin, en chien de fusil. Elle repense à la scène qui vient d'avoir lieu, au concert, à la beauté du répertoire de Leonard – trente chansons tombées du ciel, pondues par les dieux – et aux frissons spéciaux qu'elle a ressentis en l'écoutant chanter *Suzanne*, là, sous ses yeux, parmi tous ces gens. C'est sa chanson, elle est à elle, c'est bien plus qu'une chanson. Sur le trottoir de Minneapolis, tandis que ses pieds noircissent de crasse urbaine, elle revit l'été 1965. Le grenier dont la fenêtre donnait sur le fleuve, la machine à coudre fourguée depuis à un brocanteur, les livres où elle vivait autant que dans la vraie vie, les blocs de cire de bougie, les huiles essentielles. Il sentait bon, ce grenier. Elle a tant aimé cet endroit et maintenant elle est comme tout le monde, érodée par la nostalgie et dévorée par la joie d'être une femme libre marchant la nuit, dans une ville qu'elle connaît à peine.

Elle se dit : *Repenser, revivre ; ces verbes nous tueront à force de nous maintenir vivants.*

28

Il est bientôt une heure du matin. Hennepin Avenue est hantée de filles et de garçons qui se déplacent par grappes et jouent des coudes, avec un mélange de nonchalance et de férocité, comme des marins à terre pour une escale. Ils traînent leurs vingt, trente ans, dans les salles d'arcade et les clubs de musique, sortent des bowlings ou des hôtels bon marché, s'arrêtent au kiosque à journaux pour acheter un magazine de cul, parce que la nuit, ça passe mieux.

Suzanne s'arrête dans la cohue du block E, à l'entrée du Moby Dick's, sous l'enseigne à la baleine bleue, couronnée du slogan *A Whale of a Drink.* La plante de ses pieds est en feu. Elle attend toujours le calme dans sa tête ; ce n'est pas le meilleur endroit du monde pour le trouver.

Les murs du 620 Hennepin Avenue filtrent *Heart of Glass* de Blondie, elle se dit que c'est pour elle, cette chanson, et qu'elle irait bien faire un tour de piste, une tequila sunrise hors normes à la main. Puis elle ira dormir, c'est juré, chez Mariken ou Maritska, une Néerlandaise mannequin à ses heures, qui l'héberge dans Ventura Village. Une amie d'amis, chez qui, dans l'après-midi, elle a posé son bagage bardé de stickers récoltés autour du monde.

Deux colosses gardent l'entrée du Moby's.

— Je peux entrer ?

— T'es sûre ?

— De vouloir ? Oui, je suis sûre.

— Tu sais où tu mets les pieds ?

— Je suis de Montréal.

— Rentre à Montréal.

— Je peux boire un verre avant ça ?

— Remets tes chaussures. C'est un conseil. Y a dans les cinq cents personnes là-dedans. Et personne de tendre.

— Je m'appelle Suzanne.

— Clarence. Chaussures. Sinon t'es morte.

À contrecœur, Suzanne remet ses escarpins. D'un œil, Clarence la regarde faire ; de l'autre, il dissuade trois barbus aux cheveux longs d'entrer sans son autorisation. C'est le strabisme le plus intimidant de tous les temps. Suzanne a gagné cinq centimètres de taille, elle arrive à l'épaule de Clarence, qui la laisse entrer, sans un sourire civil. L'autre colosse n'a pas bougé un cil.

Une fois à l'intérieur, Suzanne se demande si elle a bien fait d'insister. L'air a la densité d'un fumoir sans fenêtre, peuplé de suicidaires résolus à crever d'un cancer de la gorge. Irrespirable. D'habitude, Suzanne supporte bien l'odeur de la clope, mais personne n'a envie de prendre un drink dans un incinérateur. Le plafond bas de la salle principale du Moby's n'arrange rien. Près du comptoir, un mec à santiags rouges envoie un coup de poing dans la gueule d'un autre qui lui répond d'un coup de pied dans les parties. Puis ils se rassoient et reprennent leur partie de cartes, l'un en s'ajustant la mâchoire, l'autre en s'arrangeant les couilles. Assis à leur table, un troisième type les félicite en vidant son verre cul sec et puis il leur fait un doigt d'honneur. Il y a là tous les maudits que la terre a refoulés : des mamas en boubou dont les seins défient la gravité, des sosies d'Elvis au dentier phosphorescent, des vieillards coiffés d'un chapeau melon, des gamines habillées comme Blanche Neige – jusqu'au nœud papillon sur le crâne –, des dandys désorientés, des chercheurs de merde professionnels, des étudiants à lunettes rondes, des touristes du Michigan, des joueurs de billard, des lanceurs de fléchettes, des historiens du baby-foot, des rouleurs de pelle imperturbables, des danseurs indifférents, des boxeurs comptant plus de fractures que de médailles, des mecs en jean dont la banalité dénote, des filles qu'on dirait normales, mais bon Dieu qu'est-ce qu'elles cachent ?

29

— Vous étiez au concert de Cohen.

Rasé de près, la raie bien tracée sur le crâne, la bouche ourlée, surplombée d'une fine moustache brune, le mec étincelle dans le fog. Il vient de gueuler cette phrase à l'oreille de Suzanne, parce qu'au Moby's c'est le seul moyen de se faire entendre : tu gueules dans l'oreille. Le mec rutile, comme quelqu'un qui n'a pas l'habitude de sortir peaufinerait sa mise à l'excès. Il tranche sur les blousons de cuir noir, les nuques longues et les moustaches à la John Holmes.

Ma mère le dévisage, béate. Une fille dans une robe à volants la bouscule, le type a le réflexe de la protéger du choc, ça fait sourire ma mère, ça lui plaît, c'est sûr, elle ne l'admettrait plus aujourd'hui et même si elle était partie pour cramer du prince, la voilà qui écarte d'un doigt le filet de bave à la commissure de ses lèvres.

— Euh. Oui. Oui, j'étais au. Au concert de.

— J'y étais aussi.

— Ah bon ?

— Je ne pouvais pas détacher mes yeux.

— Détacher vos yeux ?

— De vous.

— Vous m'avez suivie ? Suivie jusqu'ici ?

— Je vous offre un verre ?

— Est-ce que vous êtes un dingue ? Du genre à zigouiller des nanas à la chaîne. Du genre à commencer par me couper les cheveux au cutter, boucle par boucle, avant de me lacérer les joues ?

— Oui, j'avoue, ça me ressemble assez.

— Tequila sunrise. Version Baleine.

— Vous acceptez toujours l'invitation des tueurs en série ?

— C'est un principe.

La sono enchaîne avec Bonnie Pointer, l'idéal et métaphysique *Heaven Must Have Sent You.* Un type à chapeau de feutre et manteau long, un coquard à chaque œil, se lève et se met à danser tout seul près du comptoir, en s'enlaçant de ses propres bras. On dirait Walt Whitman, la barbe moins drue. Une brunette en tee-shirt Mickey se dresse aussi d'un bond, suivie d'une autre, tout en paillettes, qui la rejoint sur la piste. Au baby-foot, un grand blond bouclé lève les bras en signe de victoire. Deux flippers tiltent en simultané. Ma mère s'est assise à la table qu'ont libérée les deux filles parties danser, le tueur en série est allé commander au bar et le voilà qui revient, une tequila sunrise dans une main, un verre highball dans l'autre, contenant un truc que Suzanne n'identifie pas tout de suite.

— C'est un Harvey Wallbanger.

— Un quoi ?

— Un mélange de vodka, de Galliano et de jus d'orange. Un dollar le cocktail. Vous vous rendez compte. Vu la taille des verres, on est aux portes du crime. Santé.

— Santé.

— Hm. C'est bon.

— Vous voulez goûter le mien ?

— Volontiers.

— Je peux goûter le vôtre ?

— Peut-être bien.

Ils échangent leurs verres, dans les nappes continues de nicotine. Ils boivent une gorgée chez l'autre, puis les échangent à nouveau. Ce mec ne cesse de lui sourire, comme pour la rassurer, comme s'il était nécessaire de la rassurer, quand l'intimité s'installe sans forcer, avec la puissance des caprices. Billy passe une main sur sa nuque, l'autre sur son visage. Est-ce qu'il porte une alliance ? Non. Il se gratte le sourcil droit, qu'il a l'habitude de relever, à la manière d'un inspecteur de police tombé sur un indice.

— Vous avez déjà construit une harpe dans un grenier ?

— Quoi ?

— Vous avez déjà laissé derrière vous des traînées de cartes postales ?

— Euh.

— Vous avez déjà laissé derrière vous des traînées de cartes postales ?

— Oui. Oui, je, j'avoue, oui, j'ai déjà laissé derrière moi des traînées de cartes postales.

— Vous avez déjà parlé sans discontinuer pendant soixante-dix heures du parc à la piaule au bar à l'asile au musée ?

— Oui, j'ai fait ça, oui.

— Vous vous êtes déjà enfoncée à l'intérieur d'un volcan mexicain en ne laissant derrière vous que l'ombre d'un blue-jean et la lave et la cendre ?

— Aussi.

— Vous vous êtes déjà dit que vous étiez folle ?

— À moitié.

— Je suis électricien.

— Au sens métaphorique du terme ?

— Non non. Électricien de formation. Je suis dans l'électricité, quoi.

— Et vous avez lu Allen Ginsberg.

— Rassurez-vous, rien d'autre. Je ramène le peu de culture que j'ai, comme n'importe quel blanc-bec qui se respecte. Ça sert à ça, non ? Vous n'allez pas me dire qu'on lit pour le plaisir. On lit dans l'espoir d'avoir un jour l'opportunité de séduire, grâce à ça, une femme de votre genre. Sinon, je ne vois pas l'intérêt. Je peux vous demander votre prénom ?

— Je m'appelle Suzanne.

— Comme dans la chanson.

— Elle a été écrite pour moi.

— Désolé de vous décevoir, mais je crois que vous êtes des millions à le penser.

— Mais moi, c'est vrai. C'est la vérité. C'est vrai. Je vous le jure.

— Je vous crois sur parole.

— Et puis j'ai mes règles.

— Ah. Très bien.

— Et vous, votre prénom ?

— Bram.

— Bram ?

— Stocker, enchanté.

— J'en déduis que vous avez lu deux livres : *Howl* et *Dracula*.

— C'est pour vous dire que la vue du sang ne me fait pas tourner de l'œil.

Suzanne imagine le sexe de ce type barbouillé de son sang menstruel. La pensée ne lui répugne pas, ça la trouble, ça l'excite, elle a du mal à rester immobile face à lui, franc, spirituel, bien foutu, droit dans ses bottes ; elle cherche où poser ses yeux, *surtout pas sur sa braguette* elle se dit, et comme elle se dit *surtout pas sur sa braguette*, c'est là qu'elle pose les yeux. Ce n'est pas la première fois qu'elle mate la braguette d'un mec, mais là, disons que, comment dire, disons que ça la, ça la, ça la perturbe, alors elle bégaie un truc du genre :

— Vous, vous, vous êtes un, un marrant, vous.

Elle regrette aussitôt cette phrase de merde. *Vous êtes un marrant.* Et pourquoi pas : *Vous êtes rigolo*, tant qu'on y est ? Peut-être qu'elle rougit. Ou bien elle baisse les yeux sur le sol jonché de mégots et de milliards de bactéries. Peut-être qu'elle lève l'index pour interpeller le barman, à l'autre bout de la salle, comme s'il était possible qu'il entende son appel de détresse dans le tapage ambiant. À cours de ressources, elle ajoute :

— Vous n'êtes pas n'importe quel électricien…

— William. Mais tout le monde m'appelle Billy.

— Billy ?

— Billy Diabilis. Enchanté, Suzanne.

— J'aime bien. Billy Diabilis. C'est rigolo.

Elle l'a dit. C'est sorti. Elle a dit : *rigolo. Quelle conne*, elle se dit. Où est la magie du mot *rigolo* ? Qu'a-t-elle fait des milliers de livres qu'elle a lus ? Qu'a-t-elle fait des films et des pièces de théâtre ? Qu'a-t-elle fait des musées européens où elle a flâné ? Où est Michel-Ange ? Est-ce que c'est *rigolo*, Michel-Ange ? Et Léonard de Vinci ? Est-ce que c'est *rigolo*, Van Gogh ? Putain, Suzanne.

— Il faudrait toujours se rencontrer en récitant un poème appris par cœur.

Le salaud, l'ordure, le fumier. Il sent qu'elle perd pied, il l'enfonce. Vite, une strophe, une citation, une phrase superbe qui prouve à cet électricien qu'elle n'est pas qu'une jolie paire d'yeux verts perdus dans la pampa de Minneapolis.

— *C'est désastreux d'être un cerf blessé. Je suis le plus blessé, les loups traquent, et moi aussi, j'ai mes défauts.*

— Si vous le dites.

— C'est le début d'un poème de Gregory Corso.

— Je ne connais pas Gregory Corso.

— Ah bon ?

— Je ne mentais pas, Suzanne, j'ai une culture très limitée.

— C'est un poème qui s'intitule *Hello. Dans la grande sérénade des choses, suis-je le passage le plus annulé ?* C'est le dernier vers.

— On a tous envie de changer le monde, non ?

— Ça n'arrivera qu'à quelques-uns.

— Pourquoi, d'après vous ?

— Vous le savez, vous ?

— Parce que l'homme est un fainéant et un assassin.

— J'adore les optimistes, Billy.

— Vous êtes bien tombée.

30

Je suis née le 19 mai 1980, au Lenox Hill Hospital de New York. Mais je crois que le jour de l'accouchement, c'est la mère qui naît plus que son enfant. Je ne crois pas être née le 19 mai 1980. Je crois que je suis née durant l'été 1983, quand j'ai découvert Veneta et l'Oregon Country Fair. Je suis née sur les épaules de cet homme édenté de cinquante kilos. Il est assis en face de moi, dans une cabane miteuse, et il cherche ses mots avec l'énergie du désespoir, épié par un cassenoix volubile, qui chante pour les morts vivants. Je suis née sur ses épaules, plus qu'entre les cuisses de ma mère. Je suis née sous un chêne au pied duquel j'ai enterré tous mes secrets, de mes cinq ans à mes douze ans. J'aimais le faire les jours de grand vent, quand les branches se heurtaient au-dessus de ma tête en grinçant. Je suis née à treize ans, quand j'ai embrassé un garçon avec la langue pour la première fois. Il s'appelait Morgan Wilkins. Quand il m'a dit : *Jodie, je t'aime*, le chêne de l'enfance a disparu, mangé par son cartable *Jurassic Park*. Je suis née quand j'ai écouté pour la première fois Rickie Lee Jones chanter *Don't Let the Sun Catch You Crying*. Je suis née, comme beaucoup de femmes américaines, en lisant le *Backlash* de Susan Faludi. Je suis née dans un bus de

Montgomery, quand Rosa Parks a refusé de céder sa place. Je suis née le jour où j'ai compris qu'un homme avait marché sur la Lune, qu'il avait vraiment *marché dessus* et qu'il avait réalisé le rêve de sa vie, que le rêve d'une vie pouvait être de mettre toute l'humanité le plus loin possible de soi. Je suis née quand Challenger a explosé sous les yeux du monde entier. Je suis née quand, le 5 août 1996, je me suis déshabillée sous les yeux médusés de Tom Fields, qui comptabilisait sur sa peau un nombre inimaginable de grains de beauté. Je suis née une semaine plus tard, quand je me suis déshabillée dans la pénombre de la chambre de Janet Carr, qui a été ma meilleure amie pendant neuf ans, avant de me faire jouir sur sa moquette. Elle a éclaté de rire quand elle m'a sentie trembler de tous mes membres entre ses bras, puis m'a demandé si je voulais bien me tatouer son prénom sur ma cuisse, ce que j'ai refusé de faire, bien qu'étourdie de plaisir. Je suis née quand Kurt Cobain est mort, puis la princesse Diana, puis Amy Winehouse. J'ai eu cette manie de naître à chaque fois que quelqu'un que j'aimais mourait. Je suis née du coup de foudre de ma mère pour un électricien de trois ans son cadet. Je suis née le 11 septembre 2001, en voyant ces gens se jeter du haut des tours en se donnant la main. Je suis née un paquet de fois. Je sens que ce n'est pas fini. Je sens qu'une fois que John m'aura dit ce qu'il a à me dire, je risque d'accrocher un nouveau post-it au mur des naissances.

31

Traveling Light. It Seemed the Better Way. Sixième et septième chansons du disque. La voix de Cohen s'émiette dans les feuillages alentour ; les oiseaux arrondissent leur dos quand elle les picore. Je voudrais courber le mien, l'enrouler sur mon cœur pour qu'il le protège, je voudrais qu'on m'épargne les aveux qui bouleversent, les implacables confidences où, d'un coup de volant brusque, la vie emprunte soudain le petit chemin de terre qu'on n'avait pas remarqué.

I'm traveling light
It's au revoir
My once so bright
My fallen star

Ne pas demander à John les raisons du silence entre nous. Ne pas lui demander à mesurer son épaisseur à l'aide d'un décamètre. Ne pas lui demander si l'on en sortira vivants ou bien les pieds devant.

Se taire et suivre des yeux le trajet de la mouche.

Se taire et gratter le vernis de la table.

Se taire et parfois croiser les yeux de John et parfois les fuir.

Se taire et laisser les chansons meurtrir en consolant.

I wonder what it was
I wonder what it meant
First he touched on love
Then he touched on death

Sounded like the truth
Seemed the better way
Sounded like the truth
But it's not the truth today

32

— Tu es de Portland ? Je n'en reviens pas.

— Banks, pour être exact. Orégonais pur jus.

— Mon meilleur ami est originaire de Veneta.

— Je connais bien Veneta. J'ai un oncle à Veneta. Il est dans le cirage. Pas que. Tout ce qui est produit pour le cuir. Il a une boîte à Veneta. C'est petit, mais ça tourne.

— On aura toujours besoin de cirage.

— Et ton ami, il fait quoi ?

— Il est danseur. Il vit à New York, mais la plupart du temps, il est en tournée.

— J'aime bien l'artistique. T'es une artiste, toi, ça se voit.

— Ah bon ?

— Ouais, tu sens l'artistique à plein nez. Actrice ?

— Danseuse.

— Et t'es pas d'ici.

— Je suis canadienne.

— Tu devais y tenir, à ce concert.

Entre Billy et ma mère, comme entre tous les amants du monde, les débuts sont étourdissants. À son entourage, Suzanne jure qu'elle n'a jamais aimé, jamais été aimée comme ça. Aimer conduit à la perte. Comme danser, comme écrire. Mais Suzanne décide de prendre des bus aveugles, des voitures sourdes, quelques trains inconscients, un ou deux avions, quand elle trouve quelqu'un à qui emprunter le paquet de dollars nécessaire. De son côté, Billy produit les mêmes efforts, emballé par cette femme dont il aime tout : le visage, le corps, la voix, la façon de se mouvoir, la finesse d'esprit, jusqu'à ses lubies. Billy se sent marié à tout l'univers, il se laisse pousser des favoris, ça lui va bien, Suzanne adore les nouveaux favoris de Billy, à peine plus longs que ceux de Brando dans *L'Équipée sauvage*. Ils baisent comme des bonobos, dans n'importe quelle position, accrochés à la branche la plus haute s'il le faut. Le désir donne au corps une élasticité, une souplesse et une endurance qu'il ignore la plupart du temps. Billy ne se savait pas si singe, Suzanne non plus. Mais quarante-trois heures de route dissuaderaient n'importe quel bonobo surexcité, j'imagine. Trois jours de train ; changement à Schenectady et Chicago. Trois jours sur une banquette de moleskine à ruminer ton envie de sexe et de satori. Et quand tu te lèves pour aller aux chiottes, tu as droit à une avalanche de tags plus ou moins poétiques : *If you look for a real big dick, call this number*. Ou bien : *Fuck, can't believe Jean Seberg is dead*. Ou bien encore : *I am Hurricane Moshe Rosenberg*.

Au bout de sept mois passés pour l'essentiel au téléphone, plus souvent que dans un rodéo de copulations, Suzanne propose à Billy de s'installer avec elle à Montréal.

— Viens plutôt t'installer à Portland avec moi. Je t'emmènerai pêcher sur le Lost Lake. En hiver, c'est un lac. En été, l'eau s'évapore comme par enchantement. Il y a un trou au milieu. Un trou gigantesque. La terre aspire l'eau dans des souterrains. Et le lac devient une prairie où gambadent les écureuils.

— Je connais le Lost Lake, Billy. C'est le premier endroit où John m'a emmenée. C'est super touristique. Tu crois que tu vas me convaincre en me proposant un tour à Disneyland ?

— J'ai besoin de te voir. Tous les jours. Toi, tu ne danses pas ces temps-ci.

— Parce que ma cheville est en vrac. Ne profite pas d'une faiblesse ligamentaire.

— Chez moi, il y a toute la place dont on a besoin.

— Mais si je viens, c'est moi qui décide de venir.

— Bien sûr que c'est toi.

— J'ai besoin que ce soit moi qui décide, tu comprends.

33

Suzanne sous-loue son grenier à une étudiante en philologie, une Française expatriée qui hésite à s'orienter dans la programmation informatique. Elle se dit que c'est un métier prometteur, avec les ordinateurs qui commencent à pulluler, d'abord dans les grandes entreprises, maintenant chez les particuliers. Elle a eu la chance d'utiliser l'Apple II chez un copain qui lui a glissé qu'IBM commercialiserait bientôt un Personal Computer. Elle se dit que ça risque de changer des trucs, si les ordis sont partout, et que l'amour du langage ne la fera pas bouffer.

Suzanne quitte Montréal avec le minimum. Elle n'a jamais eu grand-chose, ma mère. Elle a vécu légère, sans encombrement. Dans sa malle – qui est précisément une malle –, elle emporte une garde-robe restreinte, une cinquantaine de livres, des vinyles et des cassettes, sa trousse de toilette. La vie ne doit pas peser. Elle n'est pas faite pour ça, sinon elle durerait. Sa brièveté est un indicateur : pas le temps de s'appesantir. Adios amigos.

Suzanne retrouve Portland. Billy et elle règlent leur nouvelle vie dans le rez-de-jardin qu'il loue près du cimetière de Lone Fir, à l'angle de Stark et de la 20e. Ils partageront le loyer, bien sûr. Il n'y a pas d'urgence, mais Suzanne y tient, elle refuse de dépendre d'un homme, quel qu'il soit. Les journées de Billy sont réglées. Le matin, il part au boulot, rentre le soir, six jours sur sept. Suzanne vaque. Elle cherche à rencontrer des gens qui lui ressemblent : danseurs, peintres, musiciens, écrivains. Chez Powell's Books, tandis qu'elle cherche *Le Monde selon Garp*, le roman de John Irving tout juste auréolé du National Book Award, elle fait la connaissance d'une certaine Ursula qui, croisant Suzanne, ne peut s'empêcher de lui dire à quel point elle la trouve *céleste*. Elle emploie l'adjectif *céleste*. Au pied des grandes façades dédiées à la littérature américaine, elles bavardent. L'Ursula en question se dit native de Portland, mariée à un Français et romancière, spécialisée dans la science-fiction et la fantaisy. Suzanne lui demande si elle est publiée. Ursula K. Le Guin la prie de la suivre jusqu'au rayon où sont alignés une dizaine de ses livres, en plusieurs exemplaires.

— Ce n'est pas pour que vous les achetiez.

— Mais c'est quand même par malice.

— Si vous voulez.

— Quel est le plus récent ?

— Ces trois-là. C'est un cycle, le *Cycle de Terremer*.

— Je vais les acheter. Tant pis pour Irving.

— Je peux vous les offrir ?

— Je vous promets de les lire.

— La plupart des gens qui achètent des livres ne les lisent pas. Ceux à qui on les offre sont excusés d'avance, pensez bien.

Suzanne peine à terminer le premier tome de la trilogie. Ce n'est pas qu'elle n'aime pas. Elle a du mal à se concentrer. Elle se sent vaseuse, éthérée. Elle vaque. Elle en a l'habitude. Mais elle vaque en attendant. En attendant le retour de Billy. Elle ne vaque pas, non, elle attend. Elle trompe le temps.

Elle rencontre un certain Gigi dont John lui a donné le numéro. Gigi est chorégraphe. Il a les jambes les plus musclées qu'elle a jamais vues. Des jambes de taureau. Elle danse pour lui, un matin où il pleut fort sur la ville, malgré des maux de ventre, elle danse, dans une ancienne boucherie transformée en studio de danse, mais une odeur persiste et ça la dégoûte. Gigi la trouve prodigieuse et promet de la rappeler si l'occasion de collaborer se présente.

John a promis de faire un détour par Portland pour la voir, mais au pied levé, il rejoint Los Angeles pour la tournée du dernier spectacle de Twyla Tharp, dans lequel il remplace un danseur dont le talon d'Achille a lâché.

Il pleut des cordes. L'automne est dégueulasse. Billy rentre tard, il est débordé. Suzanne a l'idée d'un solo inspiré de la biographie d'Isadora Duncan, qu'elle aimerait interpréter nue.

— Pourquoi nue ?

— Je le sens comme ça.

— La nudité, ça doit se justifier, non ?

— Des fois, on est nu parce qu'on est nu, Billy.

— Ouais, faut voir.

— Quoi ?

— Rien, rien.

Les oiseaux s'ébrouent sur le parapet des ponts, les fils électriques, les enseignes au néon. Suzanne s'ébroue comme eux dans un flou social et ontologique. Elle se demande ce qu'est son être en tant qu'être, comment les choses existent et quelles relations maintiennent les choses existantes. Elle revoit Ursula K. Le Guin avec qui elle va prendre un thé un matin. Elle lui avoue qu'elle n'a pas réussi à lire ses livres. Ça fait rire Ursula qui lui trouve une petite mine.

Quand Billy rentre le soir, elle l'accueille le cœur et les paumes grands ouverts. Il est un Christ au foyer et elle une Marie Madeleine prompte à lécher ses pieds. Ils font l'amour encore souvent, c'est toujours aussi bien, non, c'est de mieux en mieux. Il a de grands projets. Elle a tout de suite senti ça chez lui, l'ambition, les folles ambitions. C'est un bosseur, un acharné, il a des visions. Mais c'est promis, ils iront se promener le week-end prochain, en dehors de la ville, *ne voir que du vert et du bleu.* Entre octobre et décembre, cette année-là, Billy montre à Suzanne les Painted Hills et Smith Rock, les Wallowas et le Lost Lake. Les charmes basiques de l'Oregon.

34

Quand Suzanne annonce à Billy qu'elle est enceinte, il répond :

— Je vais faire un tour.

Elle supporterait d'être heureuse vingt ou trente ans de plus dans les bras de cet homme-là. Il a si peu à voir avec les autres : il n'est ni peintre ni écrivain. Suzanne n'a aimé que des artistes, des gitans, des torturés. Billy a peu d'argent, une aura raisonnable ; de la tchatche, une assurance, ça oui, mais de la prestance, pas toujours. Il repasse ses chemises, paye ses factures, il est presque un peu près de ses sous et Suzanne a besoin de ça : une structure. Et puis, il est bon amant et c'est quelque chose qui compte pour ma mère : le sexe mène à un plan vibratoire exclusif ; assembler deux corps et amalgamer leurs fluides, c'est une stratégie élémentaire autant que sophistiquée pour atteindre une dimension du réel qui échappe aux abstinents. Elle a essayé de m'inculquer sa vision. Ça n'a pas marché. Je n'ai pas vu les anges au bout d'un pénis. Mais Suzanne accorde à Billy le pouvoir de renouveler l'imagerie de l'amour. C'est un tournant. Elle supporterait de l'aimer et d'être aimée en retour sans laisser les doutes lui grignoter la tête, sans présumer de sa sincérité, ni redouter l'ennui ; elle cesserait de remâcher l'idéal et ses marottes, sans cesser de croire à l'idéal. Elle ne trahirait pas leurs promesses, elle aimerait cet homme jusqu'à endurer d'être trahie. Elle a choisi les berges de la Hood River pour ouvrir son cœur, en étirer les membranes, l'agrandir, comme une pâte. Lui dire : *Billy, tu vas être père*. C'est beau, les berges de la Hood River. C'est paisible. Un petit nirvana. Bon choix.

Elle lui annonce qu'elle est enceinte et il la laisse en plan, près d'une table de pique-nique gravée de centaines de souvenirs : noms, surnoms, dates, faits d'armes. Elle ne l'a pas vu venir, n'a pas compris. Absente, adossée à la nature sauvage, seule, elle écoute les oiseaux et la rivière déployer leur chorale. Le cadre était parfait, elle était sûre de son coup. Ce n'est rien. Il panique. C'est normal. Les hommes paniquent, les hommes sont des paniqueurs. Il a pourtant l'âge, elle aussi, merde, on n'est plus des gosses, la plupart des gens en ont quatre sur les bras. Elle écoute les oiseaux, la rivière. C'est l'East Fork, le bras oriental de la Hood, celui qui prend sa source à l'est du Mount Hood, au cœur de la forêt, tout près du glacier Newton-Clark. Billy lui a expliqué, il connaît bien. L'eau de la Hood coule en direction d'une autre rivière, la Dog. *Hood* : capuche. L'esprit de Suzanne tente une diversion, il se figure une capuche sur la tête d'un chien. Quand il s'agit de contourner les gouffres, à pas feutrés, l'esprit humain est prêt à tout.

Billy est parti faire un tour. Il a marché un petit kilomètre, en direction de Parkdale. La tête comme une centrifugeuse. La beauté des lieux ne lui a jamais semblé aussi peu consolatrice. Il s'est agenouillé pour accuser le coup dans les aiguilles de pin et les fougères. Il est parti me dégueuler. Moi. Il est parti me maudire.

Moi. Il est parti m'ensevelir. Moi. Il a tombé le masque, à l'improviste, pour lancer la saison des ouragans.

Plusieurs fois, au fil des années, ma mère a évoqué ce dimanche au bord de la Hood, le bras oriental de la Hood, elle prenait toujours soin de préciser qu'il s'agissait du bras oriental de la Hood, celui qui prend sa source près du glacier. Le Lost Lake est dans ce coin. Je connais bien.

— C'était comme être abandonnée dans une ville étrangère, dans un pays dont tu ne parles pas la langue. Je regardais autour de moi, les arbres et les insectes, la rivière et ses poissons. Je regardais la nature et j'étais tentée de lui réclamer des comptes. *Dis-moi ce qui se passe, non mais dis-moi.* Les arbres étaient les arbres et les insectes, les insectes. La rivière n'en avait rien à foutre. Les poissons faisaient leur vie, indifférents comme des poissons. Une heure plus tard, Billy a réapparu ; il ne m'a pas prise dans ses bras. Il a dit : *On rentre.* On est rentrés. Sans un mot. Il ne serait pas revenu, j'aurais dormi dans la voiture, au bord de la rivière.

Ma mère a ses défauts et je pourrais m'en plaindre. Toutes les mères en ont. C'est un job trop éprouvant. C'est comme les gars qui bossent à la mine. Les mineurs de charbon, je crois que ce sont les mieux placés pour comprendre les mères. Les mineurs, tu n'attends pas d'eux qu'ils soient exemplaires. Ils bossent huit heures par jour sous la terre, à excaver, forer, dynamiter. Ils s'occupent du chargement, du transport, de l'entretien du matériel. Ils passent leur journée à bouffer de la poussière, à redouter l'effondrement d'une galerie ou la fuite d'un gaz toxique, quand ce n'est pas une explosion. Les mères, c'est le même topo. Trop dur. Alors j'excuse la mienne. Je lui pardonne sa bizarrerie chronique, son besoin irrépressible d'indépendance et son talent pour s'affranchir de tout, même de moi. Ce n'est pas grave. J'ai fait mon chemin. Il ressemble plus à une route de comté qui serpente vers la montagne, mais ça va. Je me débrouille. Moi, je n'ai pas le courage de faire un enfant. Je ne l'aurai sans doute jamais. C'est peut-être mieux pour ce gosse potentiel, que j'élèverais comme un caniche ou un bouledogue, parce que j'ai pas les bases et j'en veux pas.

Une nuit, j'ai fait ce rêve. Il était vrai, ce n'était pas un vrai rêve, mais un rêve uniquement cousu de vérité, je crois qu'on est capable de rêver des morceaux de réalité passée, que le rêve nous donne à revivre, intacts. Ce sont des rêves nocturnes, qu'on fait les yeux fermés, comme les autres rêves, dans un profond sommeil. Mais la fantaisie leur est étrangère, l'inconscient leur épargne le désordre qui règne sur les paysages qu'ils organisent, discontinus, baroques, construits par syncopes. Ces rêves sont des souvenirs qui flottent entre terre et ciel, à la recherche d'un crâne. Ce ne sont pas toujours nos propres souvenirs qui nous reviennent, mais ceux des autres. Une nuit, je crois que le rêve de mon père, cet homme qui aurait dû s'appeler mon père, l'un de ses rêves, ou plutôt l'un de ses souvenirs revenus par le rêve, s'est posé dans mon crâne. Je l'ai vu, lui, au volant de sa voiture, roulant dans les rues de Portland ce soir-là, quelques heures après que ma mère lui a dit qu'elle était enceinte. Au début du rêve, il est dans le coin de King City, les baraques ont toutes la même gueule. Puis il s'engage sur Durham Road pour rejoindre l'Interstate 205. Il remonte vers le nord, longeant la Willamette jusqu'à Irvington. Il s'arrête au White Eagle Saloon. Il gare sa voiture à proximité. Il entre dans le bar. Il n'y a pas grand monde à part lui.

Une madone fluo trône au centre du mur de bouteilles. Un aigle de résine blanc la fixe, avec l'envie d'y planter ses serres. Billy Diabilis s'installe, il s'enfile une bière. Puis une deuxième. Le barman les renifle, les cœurs laminés. Billy se met à lui causer. Le barman écoute, comme tous les psys dont le cabinet est ouvert jusqu'à deux heures du matin. Billy dit qu'il n'avait pas prévu ça, que Suzanne et lui n'ont jamais parlé d'enfant, ça ne fait même pas un an qu'ils se connaissent, *merde, même pas un an, tu vois, mec, ça va faire un an, ouais, mais pas tout à fait un an, non. Moi, je suis un bosseur, j'ai des visions, moi. J'ai des plans. La carrière, pour nous les hommes, c'est quelque chose, t'es d'accord ? Pour les femmes, c'est différent, mais pour nous ? Toi, par exemple, ta carrière de barman, un gosse, on est bien d'accord que ça l'aurait foutue en l'air, non ?* Troisième bière. *Eh ouais, ça t'aurait coupé la chique, l'herbe sous le pied. Je regrette, tu vois. Maintenant, je me suis mis à regretter. Ça se passait bien, même si je commençais à avoir des doutes sur cette nana, parce qu'elle est quand même super belle et puis elle manque de pudeur et ça, ça met le doute, quand ta femme te dit qu'elle veut faire un spectacle à poil, tu vois le genre, ça te met le doute à toi ou pas ? Voilà, ça te met le doute. Eh ben à moi aussi. Et là, c'est le coup de grâce, tu vois. Tu t'imagines en train de torcher le gosse à la maison, pendant qu'elle danse le cul à l'air devant des mecs qui sont peut-être tes collègues de boulot, c'est possible, ça, qu'elle se mette à danser devant tes collègues. Comment tu retournes au boulot le lendemain ? Je suis dans la merde, c'est ça, la conclusion.*

Et la madone fluo joint les mains, pas sûre de pouvoir sauver les connards dans son genre. De cette réalité-là, j'ai rêvé avec un degré de lucidité que seuls les rêves permettent d'atteindre. Pour moi, Billy est ce rêve lucide, cet homme qui boit pour façonner son oubli, le sculpter avec des outils grossiers et des mains de catcheur. Il boit pour m'oublier, un dimanche soir au White Eagle Saloon. Il ne me laisse aucune chance.

Il ne m'a laissé aucune chance. Je lui volais sa vie. Je gâchais la fête.

35

La suite, on la connaît, c'est du classique. Il rentre tard dans la nuit. Il est ivre. Il se couche près d'elle. Elle tente de s'approcher. Il la tient à distance, dit qu'il est fatigué, qu'ils reparleront de tout ça à tête reposée. Ce qu'ils font le lendemain. Il lui dit ce qu'il pense, ce qu'il attend d'elle : du respect et un avortement. Il dit qu'en Oregon, c'est légal et qu'il faut en profiter. Elle répond non et qu'elle veut garder cet enfant, que c'est le leur. Il devient méchant. Il la rabaisse, l'insulte. Elle résiste un temps. Et puis il l'humilie, il s'en prend à tous les quartiers de Suzanne, il attaque la femme, la danseuse, l'amante. Comme s'il avait un couteau pour ses flancs, mais ce sont des mots. Une scie pour ses membres, mais ce sont des phrases. Une hache pour la décapiter, mais c'est un discours d'homme sûr de lui, qui veut *réussir sa vie*. Posséder une jolie femme faisait partie du plan, mais pas qu'elle enfle déjà sous ses yeux et que les nuits se mettent à brailler. Il lui redemande si elle est prête à se faire avorter et à *réparer*, il dit ça : *Si tu veux* réparer, *d'accord.* Elle dit non, encore une fois, elle refuse. Alors il l'invite à quitter les lieux, à se trouver un endroit à elle, à rentrer à Montréal si ça lui chante. Il lui dit qu'il ne reconnaîtra pas cet enfant, que c'est hors de question.

Suzanne appelle John. Elle lui dit tout. Il voudrait exulter, mais elle l'appelle à l'aide. Ce qu'il retient, ce n'est pas l'annonce de la grossesse de Suzanne, mais celle du retournement de Billy, qu'il n'aura fait que croiser, sans prendre le temps de le percer. John danse à Chicago, mais sa tournée touche bientôt à sa fin. Il lui envoie de l'argent pour qu'elle s'achète un billet d'avion pour New York. Il la rejoindra. Elle s'installera dans sa maison de Soho. Il repartira quelques jours pour Washington, puis le Texas, mais les mois à venir seront plus calmes. Elle arrosera son ficus, il la gavera de brownies, *et puis New York, Suzanne, n'oublie pas que New York, comme l'a dit Lou Reed, ou Andy Warhol, ou Marilyn, ou va savoir qui, New York est la meilleure ville du monde. Sèche tes larmes, oublie ce fils de pute et viens mettre au monde le meilleur bébé des États-Unis. Prends des gants et un bonnet, il caille.*

Suzanne n'aime pas New York, c'est une ville qu'elle n'a jamais aimée, peut-être parce que c'est la ville où elle aurait dû vivre sa vie, sa vie à elle, la vie qu'on vit quand on se sent la force de dire : je suis en train de vivre ma vie. À Montréal, est-ce qu'elle vivait sa vie ? Ou bien une vie d'agrément, plutôt commode, mais larvée de compromissions et de renoncements ? Et quand elle voyageait, est-ce qu'elle vivait sa vie ? Ou bien s'enfilait-elle des shots d'horizon pur qui ne faisaient que renforcer son sentiment de passer à côté de sa vie, sa vie à elle ? Sa vie.

Malgré la violence, la brutalité des derniers jours, Billy lui manque. Avant de quitter Portland pour la côte est, Suzanne passe trois nuits chez Ursula K. Le Guin. Trois nuits atroces, rythmées de larmes et de cris.

36

Elle prend l'avion, avec son barda de bohémienne. Elle atterrit à Newark. Il neige. Émue, elle regarde le tarmac recouvert d'une fine pellicule. Quand elle sort de l'aéroport, le froid la saisit. Elle prend un taxi qui la dépose au 32, Vandam Street. Elle sonne, dans une volute de buée. Burt lui ouvre la porte avec un sourire extraordinaire, qui fait oublier ses lunettes à double foyer. C'est le voisin de John, celui qui arrose son ficus quand il est absent et dont elle prendra le relais. Burt donne à Suzanne la clé de la petite maison que John occupe et trois cookies aux flocons d'avoine en guise de bienvenue.

Elle s'installe, vit couvée par Burt, John et d'autres habitants du quartier. Six mois passent. Elle dira que c'étaient les mois les plus heureux et les plus tragiques de son existence. Elle accouche le 19 mai 1980, en tenant la main de son meilleur ami. C'est le jour de sa naissance. Moi, je me contente de crier de toutes mes forces.

37

— Tout ça, c'est faux.

— Quoi ?

— Des mensonges. *Fake*.

— *Fake ?* Qu'est-ce qui est *fake* ?

— Ce que tu racontes.

— Ce que je raconte ? Je raconte quoi ?

— Ce que tu dis sur Billy.

— Ce que je dis sur lui, c'est ce que je sais de lui. Ce que je sais de lui, c'est ce que vous m'avez dit de lui, Maman et toi.

— Les adultes sont des menteurs. Les enfants sont floués, tout le temps, partout. Parce qu'on ne les considère pas comme des personnes avant longtemps, tu vois. D'abord, ce sont des animaux, je veux dire à la naissance, ce n'est pas si différent d'un koala, un gamin. Et après, Petit Cœur, après, ce sont des enfants, c'est-à-dire des êtres avec qui tu peux t'arranger, tu t'arranges, tu passes ton temps à t'arranger.

— J'en sais rien, j'ai pas de gosse, j'en veux pas. T'as l'impression d'avoir une enfant en face de toi, John ?

— Non.

— Qu'est-ce que tu vois ?

— La personne que j'aime le plus au monde.

— Et à part ça ?

— La personne que j'aime le plus et que je vais perdre, qui va sortir de mes yeux, que je ne verrai bientôt plus.

— Arrête ton chantage. Qu'est-ce qui est *fake* ?

— C'est ta mère qui a voulu qu'on la joue comme ça. C'est elle. Mais j'ai été son complice.

— Maintenant tu m'expliques, P'pa, tu m'expliques, putain, tu m'expliques maintenant.

— Moi, j'ai menti pour elle. J'ai menti parce que c'était mon amie et qu'elle était perdue, ta mère est perdue, Jodie, tu sais comme elle est, perdue comme tout, et toi tu étais cette espèce de koala surprotégé à qui rien ne pouvait arriver, parce que j'ai toujours été là, moi, toujours. Alors on a inventé cette version des faits.

— Cette version.

— Qui n'est pas la vérité.

— C'est quoi la vérité ?

Il passe la langue sur sa dent, plusieurs fois, tapote le plateau de la table de l'index, regarde en direction de la forêt, soupire.

— La vérité, Jodie, c'est que c'est elle qui l'a quitté.

— Quoi ?

— Elle l'a quitté. Elle a quitté Billy.

— Mais non.

— Elle n'a jamais vraiment aimé quelqu'un, Suzanne. Ce n'est pas son fort, tu sais bien. Elle est. Elle est trop. Tu vois. Disons qu'au début, elle a été charmée. Billy avait quelque chose d'exotique, d'attendrissant. Il était fou d'elle. Il aurait fait n'importe quoi pour Suzanne. Il faisait n'importe quoi. Les premiers mois, après leur rencontre à Minneapolis, il s'est ruiné en avions pour venir la voir à Montréal. Il était tellement accro que

Suzanne a été, je ne sais pas comment dire, elle a fini par être convaincue. Alors elle l'a rejoint ici. Mais ça n'a pas marché. Elle s'ennuyait. Elle m'appelait tous les jours pour que je la sorte de là. Et puis elle est tombée enceinte. Sans le vouloir. Elle n'a –

— Arrête.

John s'interrompt. Je sens monter dans ma poitrine une boule de méga-pus prête à éclater dans ma gorge. Je sens monter les colères de tous les enfants trompés par le récit de leurs parents, ces enfants stupides escroqués par les récits merdiques de leurs parents faussaires. Couvertures kaki. Caisses d'Augsburger. Sonnette d'hôtel. Battoir à linge. Geai naturalisé. Paniers d'osier. Les arbres, par la fenêtre. Tout voudrait commencer à dire la vérité, s'y mettre enfin, tous les objets, les choses, tous les êtres. Jusqu'au cassenoix dont l'appel strident semble maintenant une prière adressée à Dieu : qu'on en termine, achevez-la ; il faut qu'elle perde, tout d'un seul coup. J'ai envie de dégueuler, chier et dégueuler, me vider les entrailles sur le sol de la cabane. Soudain, mon ventre émet un son phénoménal, comme si quelqu'un tirait une chasse d'eau à l'intérieur de moi, quelque part entre ma rate et mon foie. Je remarque un reste de sauce sur le menton de John, que j'essuie de l'index, d'un geste bionique, presque invisible à vitesse réelle.

— Quand Suzanne a annoncé à Billy qu'elle était enceinte de lui, il l'a prise dans ses bras et il s'est mis à pleurer. Je crois que c'était le mec le plus heureux. Il était fou d'elle, il en était vraiment fou, il aurait voulu faire sa vie avec Suzanne, il avait un paquet d'amour à donner, ce type.

— Mens-moi.

— Quoi ?

— Je préfère que tu continues à mentir. Arrête ça et mens-moi.

— Ne me demande pas ça, Petit Cœur. Ta mère, elle ne fera jamais le chemin. Ta mère, c'est devenu sa vérité, tout ça. Elle lui convient, elle s'y est faite, peut-être même qu'elle s'en fout, on n'en parle pas. Mais je vais mourir. Je vais mourir et tu seras seule avec une vie qui n'est pas la tienne. Seule, on ne va nulle part, Jodie, on ne fait rien. Tout le monde cherche quelqu'un avec qui faire quelque chose. Tu m'as souvent parlé de ton impression de ne pas vivre ta vie, d'être à côté de tes pompes, approximative dans tes choix, un peu larguée, égarée. Combien de fois j'ai mordu ma lèvre. Si tu savais. Tu peux pas. Tu peux pas savoir. Tu vis la vie que ta mère a voulue pour toi. Je ne vais pas tout lui mettre sur le dos, attention. C'est quelqu'un de magnifique, ta mère, elle est née avec la blessure éternelle, ce n'est pas facile, ça, quand tu nais déjà meurtrie. Mais c'est quelqu'un, Suzanne, quelqu'un de superbe, quelqu'un d'exceptionnel, ta mère. Et moi, moi ça m'a plu, oh là là comme ça m'a plu, ça m'a plu d'être ton père. J'ai fait du mieux que j'ai pu. C'était facile parce que tu es une fille fantastique, Jodie. Une femme. Une femme. Quelle femme tu es.

— Qu'est-ce que tu fais, John ?

— Suzanne ne lui a pas laissé le choix. Billy n'a pas eu le choix. Suzanne n'a pas laissé le choix à qui que ce soit dans sa vie. Elle est résolue à vivre les choses comme elle les voit. Ça n'en fait pas un monstre.

Sous la table, mon poing est un magma de nerfs emmêlés. J'essaie de le poser sur ma cuisse. Il ne tient pas. Les phrases de John tournent dans ma tête. Les images s'entrechoquent. Les mythes se disloquent.

S'ouvre une fêlure toute neuve au centre de moi. Ma vie est une fable. Elles le sont toutes, certes. Mais le degré de fiction est variable. Ma vie est un récit mal embouché, que je n'ai jamais eu l'intuition d'ébranler, d'interroger. Ce récit, je l'ai validé sans soupçon, comme un koala à qui on crève les deux yeux en disant : c'est un geste d'amour, bébé.

Ce père n'est pas un père. C'est une ordure, le bourreau de ta mère, ton fumier biologique, rien d'autre, du fumier. Oublie-le, Jodie, John est là, tu vas voir comme il va bien s'occuper de toi, John sera toujours là.

Par amour pour John, par respect pour lui, par tendresse, par loyauté, je n'ai pas remis en cause cette version des faits. J'ai obéi à un trémolo dans la voix de Suzanne, à ses yeux de bâtarde au chenil. John était mon père ; je n'allais pas repêcher un fantôme, sous prétexte qu'il avait lâché son sperme dans le ventre de ma mère.

— Je. J'ai besoin de. Excuse-moi, je.

Je me lève, fais trois fois le tour de la cabane, en frappant l'avant de ma semelle sur le sol, une sorte de ruade mécanique, avant de sortir sur le seuil pour reprendre mon souffle et regarder le vent qui fait danser les arbres. J'essaie de lancer mon regard le plus loin possible. Au-delà du grand rideau de verts qui monte avec vigueur vers la palette renversée du blanc et du bleu. Mon regard retombe à mes pieds, je tourne la tête vers l'intérieur, John reste assis là, avec nos assiettes, nos couverts, nos restes. Son visage tendu vers moi, il fait l'aumône. Je m'adosse au chambranle et je respire. Le mot *épiphanie* me percute et finit en pièces détachées dans mon cerveau. La tête me tourne. Je pense à

Suzanne. Je pourrais l'étrangler à mains nues. Au lieu de ça, j'écoute sans broncher une autre chanson de Cohen, l'avant-dernière de la tracklist, *Steer Your Way*, et je me dis que les chansons sont comme des coups de Stabilo qu'on passe sur les lieux et sur les instants.

38

Conduis ton chemin : Leonard en jaune fluo, à même la peau.

— Je peux te poser une question, P'pa ?

— Je t'écoute.

— Ma mère. Est-ce que c'est vraiment ma mère ?

— Bien sûr que c'est ta mère.

— Et toi ?

— Moi ?

— Toi, John Paul Casterman ? Est-ce que tu es mon père ?

— Jusqu'à la fin.

— Et tu m'as adoptée quand j'avais cinq ans, c'est vrai, ça ?

— Je t'ai reconnue. Légalement. Devant la justice aussi, tu es ma fille.

— Je suis restée avec toi, parce que Suzanne n'a pas voulu de moi, c'est ça ?

— Disons que. Comment dire ça, Jodie ? Suzanne avait des projets incompatibles avec –

— Avec ma présence à ses côtés.

— C'est ça.

— Et Billy Diabilis, ce fils de pute, puisque vous me l'avez toujours vendu comme ça, ce grand fils de pute de Billy Diabilis est celui qui a. Celui qui. Avec ma mère. C'était vrai, Minneapolis, Cohen, tout ça ? Est-ce que c'est vrai ?

— Suzanne et Billy se sont rencontrés à Minneapolis. En 1979. C'est vrai. Tout est vrai.

— Ne me dis pas que tout vrai. Ne me dis plus : *Tout est vrai !* Je t'interdis d'employer le mot *vrai* ! Et réponds à chacune de mes questions, sinon je te jure que c'est pas le cancer qui va te tuer, John, c'est pas le cancer. Espèce de connard ! Connard ! Vous êtes des connards de falsificateurs ! C'était ma vie !

— Jodie –

— Tu crois que je vais avoir pitié de toi ? Parce qu'il te faut vingt minutes pour mastiquer un morceau de veau ? Parce que tu pisses autour de la cuvette quand tu vas aux chiottes ? Parce que tu trembles en me regardant ?

— Jodie –

— C'est moi qui parle, OK ?

— OK.

— Mon père, disons le fabricant, le façonnier, ce père-là, il a, il a, il a été bien avec ma mère, il a été, il l'a, il l'a aimée ?

— Oui.

— Il l'a aimée ?

— Adorée. Au sens sacré du terme.

— Et elle, tu dis qu'elle, elle ne l'a pas –

— Pas assez. Pas bien. Comme un autre.

— Et tu dis : c'est elle. Tu as dit ça. Tu as dit : c'est elle qui est partie. De son plein gré.

— Oui.

— Tu m'as regardée dans les yeux pendant plus de trente ans, tu m'as regardée dans les yeux et nous avons cent mille fois échangé la poisse qu'on a sur les joues, tu m'as embrassée et je t'ai embrassé aussi, de tout l'amour qu'une fille peut donner à un père qui l'a prise pour enfant, nous nous sommes accordé tout ça, John Casterman, et ta main était docile dans la mienne, nous allions l'un vers l'autre par nécessité, par pulsion d'amour. Cet amour, moi je le croyais vrai –

— Il est vrai, Petit Cœur. Aussi vrai que quelque chose puisse l'être. Je t'aime comme je n'ai jamais aimé personne. Elle m'a demandé de le faire, alors je l'ai fait. Après tout, qu'est-ce qui m'en empêchait ? On était deux adultes qui cachaient des choses à une enfant. On était emportés dans des vies qui allaient vite, pleines de gens, pleines d'envies. C'était une autre époque.

— Ah non hein, pas le coup de l'autre époque.

— Disons que sur le moment, on n'a pas trouvé ça si grave. On s'est dit que l'histoire qu'on t'inventait n'était pas plus laide qu'une autre. Ce n'était pas pire que *Barbe Bleue* ou *Le Petit Chaperon rouge*. Moi, j'avais envie d'élever un enfant. J'avais envie de ça et ta mère pas du tout. Voilà.

— Voilà ? Et lui ? Et lui ?

— Lui, on n'y a pas pensé plus que ça, c'est vrai. On s'est dit qu'il passerait l'éponge.

— L'éponge ?

— Suzanne a accouché un jour de tempête de neige. J'ai vu ta tête émerger de son utérus.

— Et quand elle est partie, qu'est-ce qu'il a fait ?

— Ce que font tous les adorateurs abandonnés par leur dieu. Il a cru en elle jusqu'en des zones très reculées de la foi. Et puis, il a accepté.

— Il a passé l'éponge.

— Il s'est mis à boire plus souvent qu'à l'accoutumée. Il a perdu son job. Il a fait autre chose.

— Comment tu le sais ?

— Il m'a écrit une lettre. Je dansais au Lincoln Center. Je l'ai trouvée un soir dans ma loge. Une belle lettre, bien écrite.

— Je peux la voir ?

— Je ne l'ai pas gardée.

— Menteur.

— Ta mère est tombée dessus. Elle n'a pas supporté. Elle a pleuré pendant des jours. Je l'ai déchirée sous ses yeux et poubelle.

— Elle pleurait sur quoi ?

— Sur elle-même, j'imagine.

— Et maintenant ?

— Cherche William Diabilis sur Google. De toute façon, tu sais qui c'est. Il est facile à trouver, Billy.

— Je sais qui c'est.

— Mais cherche encore, s'il te plaît.

Dans la forêt, les biches fouillent les arbres. Au fond de la Willamette, les saumons pondent et ignorent tout. Un pêcheur à genoux dans les rhododendrons fait une intoxication alimentaire et se dit que rien n'est moins fidèle qu'un estomac. Des oiseaux passent. Un pygargue à tête blanche. Je n'en avais pas vu depuis des années. Un ours noir grogne à proximité de la cabane, des restes de saumon entre les dents. Un dragon fume. Partout, les œufs au fond des nids cuvent des chagrins à l'état de larves.

— Je vais y aller.

— Tu ne laves pas la vaisselle, Petit Cœur ? Reste encore un peu. Lave la vaisselle, s'il te plaît.

— Non.

— Non ?

— Non.

— C'est pas grave, ça m'occupera. À mercredi, Jodie.

— C'est ça.

39

Mon père est mort le mardi après-midi. D'un arrêt cardiaque, tandis qu'il cueillait des lys de juin et des lupins, à l'arrière de sa cabane, pour agrémenter les retrouvailles du lendemain, qui n'auraient pas lieu. En larmes, Cynthia m'a appelée : *John est parti, John est parti.* Je venais de promener les chiens. Les chiens des gens. Je venais de ramasser la merde des chiens des gens et d'empocher des dollars de merde. *John est parti.* Je me suis répété cette phrase. J'ai cherché des poèmes pour m'empêcher de m'évanouir. J'ai fouillé ma tête. Rien n'est venu. Aucun vers, pas une voix. Personne. Je me suis évanouie sur la moquette. Ma tête a heurté le bord du lit. J'ai un hématome à la tempe, mais pas de plaie. John est parti. Et moi, la dernière phrase que je lui ai dite, la dernière, les derniers mots, j'essaie de me souvenir – et j'éclate en sanglots quand je retrouve sur un terrain vague cérébral le plus triste adieu qu'on puisse imaginer : *Non, je ne lave pas la vaisselle.*

40

La crémation d'un corps dure une à trois heures. Cela dépend de la densité du corps du défunt, de sa taille et de son poids, du type de four et de certaines procédures. Le corps de John brûle encore, mais ce n'est plus lui qui part en cendres. Par la seule force de mon esprit, je l'ai projeté hors de son cercueil, à l'instant où il pénétrait l'enveloppe d'acier doux de la première chambre de combustion. Je l'en ai fait sortir. Je lui ai dit : *Ne reste pas là-dedans, P'pa.*

Quand les brûleurs ont enflammé le gaz, mon père était déjà loin. Il ne restait qu'un lit d'érable entre les briques et les carreaux réfractaires du four. Mon père courait en short sous la pluie, il avait neuf ou dix ans et fredonnait l'air de *How High the Moon* de Les Paul et Mary Ford, un morceau des années 1950, un truc qui te donne envie d'épouser la première venue ou de galoper dans les bois. Pas la chanson idéale pour dire adieu. Ça tombait bien, mon père courait sous la pluie en se foutant de l'emprise de l'espace et de l'autorité du temps.

La petite foule s'est massée sous les grands arbres, devant le Westlawn Memorial Park. Pas mal d'arcs-en-ciel imprimés sur les toiles tendues des parapluies. Quelques baleines cassées qui disent quelque chose de l'intérieur des gens. Les rares parents, des amis, des amis d'amis. Et puis les crocodiles qui se tapent toutes les funérailles, par distraction. Tout près, les voitures crépitent sur le goudron noyé de Danebo Avenue. Le colombarium est coincé entre Multi-Craft Plastics et Pacific Metal. Des hangars de tôle que la pluie martèle. Quelqu'un cherche à laver la terre à grande eau.

John ne tenait pas à reposer près de ses parents au cimetière Thomas-Becket. La relation qu'il avait entretenue avec Paul et Laura était tourmentée. John ne supportait pas l'anxiété maladive de sa mère et encore moins les efforts vains que déployait son père pour accepter les choix professionnels et sentimentaux de son fils aîné. Et si John avait acquis une certaine reconnaissance dans son milieu, le fait qu'elle soit circonscrite au champ de la danse contemporaine lui garantissait un relatif anonymat. On avait parlé de lui dans la presse, ça oui, Paul et Laura avaient lu des articles, mais personne ne reconnaissait leur fils dans la rue. Pour eux, c'était bien la preuve de son échec.

Le frère cadet de John, Richard, a délaissé son imprimerie pour accompagner ce frère étrange et lointain, auquel il n'adressait plus la parole depuis cinq ans, effet d'une discorde liée à l'héritage : une maison dans le centre de Veneta et quelques terres alentour. Affaire réglée par un notaire bricoleur de paperasse ; John avait contesté le partage qu'il jugeait suspect, Richard lui avait alors adressé une liste de reproches longue comme le bras et qui dépassait les affres de la succession. Ce que son frère reprochait à John, c'était John. Et le voilà, l'oncle Richard, qui tient son parapluie noir en tremblotant sous les trombes de flotte.

Autour de lui s'agglutinent les gens du coin, les enfants d'amis des parents, les cousins et les petits-cousins.

Janet Carr est venue avec Finn, son mari. Ça me fait un truc qu'elle ait tenu à être là, parce qu'on ne se revoit presque plus, Janet et moi. Mitchell et Cynthia ont fait le déplacement depuis Sherwood ; deux petites heures et la route n'est pas vilaine. Tous ces jours, ils ont été présents, m'ont aidée à entreprendre les démarches nécessaires. Ils ont perdu un neveu l'année dernière et la sœur de Cynthia était incapable de prendre en charge quoi que ce soit, *alors on est rodés, tu sais, ma grande.*

Des artistes à la retraite tenaient eux aussi à voir John courir sous la pluie dans le short de ses dix ans : comédiens, peintres ou danseurs cassés, anciens amants pour la plupart ; Mark, Lewis, Jasper et Emmett. Vieilles étoiles en vrac. Viola Farber serait venue. Merce Cunningham serait venu. Trisha Brown aussi. Mais ils sont plus nombreux désormais à sauter en short dans les flaques qu'à ouvrir des parapluies sous les pins de Veneta.

Je tends un mouchoir à Rodrigo qui pleure un peu à l'écart de la communauté. Il me prend aussitôt dans ses bras. Je ne trouve pas la force de le serrer contre moi. Je me laisse faire. Il répète le prénom de John plusieurs fois. Il m'a fallu quelques secondes pour ajuster ma mémoire au visage fermé de Rodrigo, quand il a replié son parapluie tout à l'heure, à l'entrée du crématorium. Je ne l'ai pas revu depuis un bail, il a pris un coup de vieux. John et lui se sont rencontrés à l'occasion d'un cours de cuisine chez Hipcooks. Rodrigo voulait ouvrir son resto à Portland, genre tacos revisités à la française ou à l'italienne, comme on en voit partout. John cherchait par tous les moyens à tuer le temps, il s'était dit : *Pourquoi ne pas apprendre le cioppino ou le tri-tip ?* Ils ont eu une espèce de coup de foudre ; c'est ça : un coup de foudre. Passion tardive pour John, amour insolite pour Rodrigo, de trente-cinq ans son cadet. Ça a fait *boum* au milieu des casseroles et des batteurs électriques. J'ai laissé faire. John était radieux et gêné, Rodrigo était radieux et gêné ; on les prenait en permanence pour père et fils. Bien qu'affranchi de quantité d'injonctions normatives, John n'a pas résisté à son propre regard. Un jour, il m'a dit : *Mon corps ne mérite pas le sien.* Il a quitté Rodrigo.

— Je l'ai tellement aimé, ce John.

— Je sais.

— Je lui dois tout, Jodie.

— Peut-être pas tout, mais je vois ce que tu veux dire.

— J'ai un fils, maintenant, tu sais.

— Ah bon.

— Oui, j'ai un fils. Je l'ai appelé John-Diego.

— C'est beau, ça.

— J'ai été amoureux de lui, c'est tout.

— Et ton restaurant, tu l'as ouvert ?

— Oui. On fait les tacos pas comme les autres.

— Ça marche bien ?

— Non.

— Comment ça ?

— Ça ne marche pas, mais ça va marcher. Ça marchera toujours, les tacos.

— J'ai prévu un verre pour tout le monde au Broadway Grill, tu sais. Tu es le bienvenu, Rodrigo.

— Je dois rentrer à Portland. Je ne peux pas laisser ma femme au resto toute seule. Je voulais être là. Je voulais dire au revoir. On ne s'est pas bien dit au revoir. John, il a tout coupé. Mais c'est bien, sinon j'aurais été encore plus triste.

Depuis qu'on est sortis du crématorium, les yeux de ma mère sont braqués sur moi, comme des drones équipés de rayons lasers. Je les sens sur ma nuque. Je fais tout pour l'éviter. Elle pleure seule, sous un parapluie blanc. J'ai envie de la catapulter contre un tronc. De lui planter deux clous dans les mains et de jouer aux fléchettes sur sa gueule, en essayant de bien viser entre les deux yeux, mais si je suis maladroite et que je crève l'un ou l'autre, il ne faudra pas m'en vouloir. Elle porte une longue robe improbable, avec je ne sais combien de châles empilés par-dessus. On dirait qu'elle rentre d'une tombola où elle aurait perdu, de pas grand-chose. J'ai envie de la prendre dans mes bras, de me blottir contre elle en suçant mon pouce et, une fois fini le câlin, de la frapper à coups de poing, avant de l'écorcher et de tanner sa peau. J'ai un million de questions. Je n'en poserai aucune. Tu ne sauras rien, Maman, de ce que John m'a avoué. Je garde ça pour moi. C'est au tombeau.

Les gens disparaissent dans les voitures garées pour la plupart sur Danebo Avenue. Je monte dans celle de Mitchell et Cynthia. Suzanne dans celle de Richard. Les véhicules démarrent en direction du Broadway Grill. Tout le monde ne reste pas.

41

Don't worry about a thing
Cause every little thing is gonna be alright

Au mur du Broadway Grill, le refrain de Bob Marley est peint en lettres calligraphiques noires. Trois ventilateurs vintage à pales de bois tournent à plein régime dans un clappement de moteurs emballés. Les gens sont assis sur les banquettes rouges, devant un verre. Certains restent debout dans les travées ; tournés vers la baie vitrée, ils regardent la pluie continue en se disant qu'*autant de flotte au mois de juin, c'est quand même pas bien normal, merde.* Les bras croisés sur la poitrine, je liquide trois bières en dix minutes, près de l'ouverture en arc qui conduit aux chiottes. Je fais mon maximum pour dégager un air désagréable, revêche, afin d'écœurer ceux qui voudraient se livrer sous mon nez à une élégie en l'honneur de John Casterman. Suzanne tente plusieurs approches, que j'arrive à esquiver avec le savoir-faire qu'on me prête, jusqu'à l'estocade fatale aux toilettes, où les esquiveuses de mon genre se font souvent bananer.

— Je te prends cinq minutes, tu permets ?

— Maman, j'ai la tête qui tourne.

— Trois bières cul sec.

— J'ai pas envie de parler.
— Pourquoi tu me fuis comme ça ?
— Je te fuis, parce que j'aime fuir.
— Je suis venue, tu vois.
— Arrête.
— Mais je suis venue, j'ai trouvé la force, je suis fière, parce que je sors de trois mois de larmes, moi, tu sais.
— Ah bon.
— C'était l'homme de ma vie.
— On peut se barrer d'ici ?
— Remets-toi du rouge à lèvres.
— C'est bien comme ça.
— Mais la bière a tout emporté.
— Et alors ?
— J'ai tellement pleuré, Jodie, que ce matin je me suis retrouvée à sec, comme une conne, devant tout le monde.
— Personne ne doute de ta tristesse, Maman.
— Est-ce que tu sais s'il a reçu le disque que je lui avais envoyé ?
— Je l'ai retrouvé dans ses affaires.
— Il était déballé ?
— Oui.
— Alors il l'a écouté.
— J'imagine.
— J'aurais aimé que tu mettes une chanson de Leonard pour clôturer la cérémonie. Tu as préféré Queen.
— Parce que John préférait Queen.
— Tu vas m'apprendre les goûts musicaux de mon meilleur ami ?
— Tu vas m'apprendre les goûts musicaux de mon père ?
— C'est bon, c'est bon.

— *Love of My Life*, c'était sa chanson préférée. Tu le savais ?

— Bien sûr.

— Lui envoyer un disque. Mais prends un avion, putain. Prends un putain d'avion et viens lui dire adieu, quoi.

— Arrête, Jodie. Je suis déjà à terre, alors arrête ou je ne ressortirai plus jamais de ces toilettes.

— Merci d'être venue, Maman.

— Il t'a bien élevée, n'est-ce pas ?

— Oui.

— J'ai fait le bon choix, pas vrai ?

— Le bon choix.

— Personne n'aurait fait mieux que lui. Tu as bien réussi, n'est-ce pas ? Tu réussis bien, je trouve.

— Est-ce que je réussis ? Qu'est-ce que je réussis ?

— À être, à être qui tu es. À être toi.

— J'ai des petites choses à faire avant ça.

— Comme quoi ?

— Des petites choses.

— Au théâtre, tu veux dire ? Alors tu as des projets ? Tu vas remonter sur scène ?

C'est ma mère et plus personne. C'est une inconnue aux chiottes avec moi. On se remet du rouge à lèvres dans un miroir piqué, cerné de stickers publicitaires, et on se demande d'où vient l'autre, ce qu'elle fout là. C'est ma mère et plus personne à part ma mère, autrement dit personne. C'est le ventre que j'ai loué jadis pour m'y confectionner un corps humain. Un lieu de vacances oublié. Pas plus que ça. Une hippie de soixante-dix ans passés qui hante les buvettes du Venice Boardwalk en proposant des massages à vingt dollars. Une vieille gamine indifférente à tout, qui a pris la liberté en rasades. Elle ne fait pas son âge. Elle est d'une beauté encore époustouflante. Tant mieux pour elle. Moi, à son âge, je ressemblerai à un bloc de gélatine de porc.

Je repense à la scène du *Parrain* où Michael Corleone, interprété par Al Pacino, révèle à son frère Fredo, joué par John Cazale, qu'il a découvert sa trahison. J'ai envie d'attraper la nuque de ma mère à deux mains et de l'embrasser sur la bouche en lui crachant :

— Tu m'as brisé le cœur, Maman. Tu m'as brisé le cœur.

42

Adieu Papa. Adieu. Tu m'as appris à lire et à écrire. Tu m'as appris à faire du vélo. Tu m'as acheté mon premier cerf-volant ; il n'a jamais volé. Tu m'as appris à aimer les cerfs-volants qui ne volent pas. Tu disais : *N'importe quel mot parle d'amour.* Bateau, entrave, caillou, fenêtre, coup de poing. L'amour est un bateau, l'amour est une entrave, l'amour est un caillou, à la fenêtre de l'amour, l'amour m'a mis un coup de poing : ça marche à tous les coups. C'est à toi que j'ai dit : *Je saigne*, horrifiée, à toi que je donnais la main pour aller à l'école, et tu me faisais danser sur le passage piéton. Une fois, mon genou était tout éraflé. Sur le trottoir, tu l'as léché pour le soigner. Quand j'ai embrassé Tom Fields, tu as dit : *C'est bien.* Quand j'ai embrassé Janet, tu as dit : *C'est bien aussi.* Salut John. Je crois que tu as bien fait de me dire la vérité. Je crois que je la mérite. On la mérite, tous. Qui mérite qu'on fasse de sa vie un mensonge ? Sous prétexte qu'on l'aime, mettons.

43

Je promène les chiens dans Pearl.

Chez Andina, je sers un avocat farci au crabe à un petit brun à lunettes, genre consultant en consulting, qui me fait de l'œil une bonne heure ; le mec doit raffoler des infirmes, des naufragés. Un fan du *Titanic*, un psychopathe des femmes à terre. Il me renifle, les narines dilatées, il se dit : *Hmm, elle est à point, celle-là.*

Je donne un cours de biologie à la nièce de Mme Coleridge, une Felicity de dix-sept ans qui passe l'heure à me parler de son obsession pour les gorilles d'Ouganda qu'elle veut voir de ses propres yeux avant que l'espèce soit éteinte. Elle aimerait en toucher un, une seule fois, ne serait-ce que du bout des doigts. Je me dis que cette gamine a raison d'avoir un marteau dans la tronche et envie de taper sur un seul clou. C'est bien, Felicity, vise King Kong et zappe le processus naturel de décomposition des organismes morts et le rôle crucial des champignons dans celui-ci. Moi, je ne sais plus où taper, tu vois. C'est pour ça que tu ne me sens pas très concernée par tes révisions à la con. Je viens d'exploser et je ne suis pas près de me recomposer. Moi, j'ai les intestins farcis de champignons mensongers. J'ai envie de redevenir celle que je n'ai jamais été, tu vois, Felicity, j'ai envie de me sentir entière et vraie, comme un geste désintéressé.

Je me caresse matin et soir. Ma libido est une grotte obscure où j'erre en nuisette, les pieds dans des flaques terreuses. J'en tire des orgasmes atones, au goût de denrées périmées depuis dix jours, qu'on ose manger quand même. Je passe un casting. Le premier depuis des mois. Pour le pilote d'une série Netflix. Abigail, la directrice de casting, parle d'un personnage très bien écrit à mi-chemin entre l'Elizabeth Bennet d'*Orgueil et préjugés* et la Sally Albright de *Quand Harry rencontre Sally*. Je ne distingue pas tout de suite la moitié du chemin entre les deux, mais je prépare la scène que je reçois par e-mail. *Jodie chérie, amour de ma vie, prunelle de mes yeux, poil de mon cul, ça fait longtemps hein ? Oh ça fait longtemps, ça fait trop longtemps. Ton agent m'a dit que tu avais besoin d'un coup de pouce, que la période n'est pas simple alors tatam, voilà Tante Aby. Tu sais que je garde un super souvenir de ce qu'on a fait avec Terry. Tu te souviens de ce film ? Avoue que pour un film d'entreprise, c'était quelque chose. Pauvre Terry. Toutes ces crises cardiaques autour de nous, non ? On dirait que les cœurs sont de moins bonne qualité.* Abigail Philips. Voilà une femme qui s'est dit un jour : *Je n'en ai rien à foutre, mes cocos, je n'en ai vraiment rien à foutre.* Je l'aime bien. Pas beaucoup, mais bien. Il y a cinq jours de tournage. Le personnage est écrit avec les pieds. On dirait de la bande dessinée. Je ne supporte pas la BD. Est-ce que le monde est une putain de bande dessinée ? Quand je parle, est-ce que des bulles me sortent de la bouche ? Est-ce qu'il y a un point d'exclamation à la fin de toutes mes phrases ? Est-ce que tous les mecs s'appellent Bart ou Bernie ?

Je ne suis pas prise, je descends du plongeoir, je reste nue, au bord de la piscine et des téléviseurs américains.

44

Au lendemain de l'incinération, Suzanne est rentrée à Los Angeles. On ne s'est pas dit grand-chose de plus. Quelques jours passent avant qu'elle m'appelle, un matin. Elle n'a rien à me dire, alors elle m'appelle :

— Ça va, ma chérie ?

— Ça va.

— …

— …

— Tu ne me demandes pas comment je vais ?

— Si. Comment tu vas ?

— Bien.

— Bon.

— Qu'est-ce que tu fais ?

— Je vais sortir les chiens.

— Et le théâtre ?

— J'ai passé une audition, mais ils cherchaient quelqu'un d'autre.

— Moi, j'ai massé un homme d'un quintal et demi. Ça m'a pris trois heures.

— OK.

— Tu te rends compte ?

— Mais oui, je me rends compte.

— Trois heures.

L'été s'installe sur les rives bondées de la Willamette. Des gamines se jettent des pontons de ferraille. Des mecs font du ski nautique sous le Sellwood Bridge. Des cris de jubilation montent depuis les montagnes russes de l'Oaks Park. Dans les artères de la ville, les terrasses déploient les parasols et les vaporisateurs d'eau ; à l'intérieur, les clims s'essoufflent. On retrouve des carcasses de rats à la sortie des caves, de plus en plus de toxicos sur le paillasson des hôtels cinq étoiles. J'ai laissé mon numéro à l'acteur avec qui j'ai passé le casting Netflix. Ne me demandez pas pourquoi j'ai fait ça. Un soir, il me rappelle. Il s'appelle Ben. Originaire du Michigan. Installé à Portland par amour, mais amour avorté : Olivia l'a quitté, pour des raisons qui lui échappent. Il a cette phrase : *Elle n'était pas prête à vivre sur un grand huit*. Maintenant, il rêve de côte est, *New York City, Jodie, c'est quand même différent ; c'est trop petit, Portland, surtout pour des acteurs exigeants comme toi et moi, et puis c'est loin de tout, non ?* Il ajoute qu'il n'est pas mécontent d'avoir été recalé par ces connards de Netflix, parce que ça lui a permis de jouer dans *In Bed with my Sneakers*, un film commandité par la Pensole Footwear Design Academy, la première et unique école dédiée au design des chaussures de sport. Il conclut la conversation la plus chiante de tous les temps par cette promesse mémorable : *Je t'apprendrai à te laisser aimer, Jodie.* Je l'envoie se faire mettre avec du papier de verre comme lubrifiant.

Quand on habitait Buckman, sur les murs de ma chambre d'adolescente, j'avais scotché des visages : les hommes dominaient. Val Kilmer, Johnny Depp, Bruce Springsteen, Leonardo DiCaprio. Les deux seules femmes qui avaient droit à une parcelle de mur étaient Cameron Diaz et Jodie Foster. Je m'identifiais à des hommes plus volontiers qu'à des femmes. Quand j'avais treize ans, je rédigeais des déclarations dans un agenda gavé de cœurs dessinés au stylo-bille et garnis au Stabilo. *I love Johnny. I love Bruce. Of course, I love Jodie.* Je dressais des listes. C'est loin, ces conneries. Je n'ai plus besoin, ni envie d'être inspirée par les autres. Et par les mecs encore moins. Tous ces blaireaux amoureux d'eux-mêmes.

Les mecs que j'ai connus, avec qui j'ai vécu des trucs plus ou moins intimes comme baiser – même si le fait de coucher avec un mec peut être vécu comme une mécanique austère, une œuvre performative, une espèce de sculpture coréalisée avec un voisin qu'on pensait blairer –, ces mecs, je pourrais les aligner contre un mur et en raconter l'essentiel en cinq lignes. Pas cinq lignes chacun. Non. Cinq lignes pour toute la bande. En guise d'hommage, je leur dédierais un paragraphe ; il s'intitulerait *Le Paragraphe des Connards*. Marvin Underwood, par exemple, ce pauvre Marvin, je pense à lui, remonté comme un saumon le long de mes veines, à l'étroit là-dessous, presque asphyxié, avec sa tête de poisson. Je me souviens qu'il avait essayé de me choper, une fois ou deux, à sa manière de Marvin, mais rien, on n'a jamais dépassé les pelles d'acteurs un peu appuyées. Avec Marvin, j'avais préféré m'en tenir aux nécessités du métier. Ah tiens, son haleine me revient. Je crois que c'est son haleine, ça. Rien de bien radieux. Eh oui, je suis la reine des mémoires sensorielles. J'ai dans mes tissus tout un catalogue à la con. Marvin Underwood bossait à Cascade Station le matin, Ikea l'après-midi, et le soir, il jouait du shaker dans un bar de Parkrose. Il avait suivi les cours de Brooke pendant un an et des poussières ; il avait son petit talent. Malgré des yeux trop rapprochés et une absence de cou, Marvin avait le charme des bourrins qui font des efforts pour paraître délicats. Il adorait Shepard. Il se prenait pour Shepard. Il n'avait rien de commun avec Shepard. C'est moi qui lui donnais la réplique pour ses auditions. À chaque fois, on jouait une scène de *Fool for Love*. Sa pièce fétiche.

— *Tu m'as beaucoup manqué. Manqué. Tu m'as manqué pire que rien ne m'a manqué toute ma vie entière. Je n'arrêtais pas de te voir… des fois, seulement un bout de toi.*
— *Quel bout ?*
— *Ton cou.*

Moi, je préférais *Buried Child*, je trouvais ça plus corsé. En lisant la pièce la première fois, sur les conseils de Brooke, je m'étais dit que le rêve américain, c'était une jambe de bois plantée en plein désert, au bout de laquelle flottait une chemise à carreaux infecte. Et qu'il fallait beaucoup boire pour oublier que c'était le drapeau le plus triste du pays le plus triste. Sacrée pièce, *Buried Child*. Tu la lis et tu n'as plus aucun doute sur le fait que c'est le diable en personne qui a inventé le concept de famille. J'aurais aimé coucher avec Shepard. Pas longtemps, comme on s'enfilerait un shot de pur jus de chaussettes américaines. Une nuit, un bout de nuit, une heure avec Shepard. J'aurais aimé essayer, pour enterrer un truc : l'admiration, pas seulement pour Shepard, mais celle portée aux hommes, à certains hommes que n'importe quelle jeune actrice se sent contrainte d'admirer, parce que ce sont des hommes éblouissants, à la légende fabriquée, tapée de leurs propres doigts à la machine et photocopiée par leurs soins. Je n'ai rien contre Shepard. Je me fous de Shepard. J'aime bien *Fool for Love* et j'adore *Buried*

Child. Au fond, je suis revenue des icônes. Pour les stars aussi, la fête est finie.

Me reviennent quelques scènes jouées chez Brooke, des exercices de mémoire sensorielle, des improvisations désastreuses, exécutés sous le regard conquis d'avance de futurs glandeurs émérites ; comédiens déglingués par des jobs provisoires convertis en tombeaux, comédiennes vaguement mannequins, un peu manucures, un peu yogis, devenues le négatif de ce qu'elles projetaient alors sur l'écran plat de leurs nuits plates. Ils étaient convaincus que rien ne briserait jamais leur cœur.

On en imprime dans sa tête des conneries, des faits, des titres, des répliques, des recettes, des gens, toutes sortes de données dont l'éclectisme est un fardeau, parce qu'il nous condamne à toucher à tout, sans nous laisser toucher par rien. L'esprit du mal se livre au tout-venant, il emmagasine sans compter, ne pratique pas le tri. Je connais par cœur les paroles de *Careless Whisper* et la définition du mot *aphorisme*, la date de naissance de Bruce Springsteen et l'origine des lunettes de Gandhi, qu'il aurait achetées en 1910 à Henry Cannam, opticien installé au 23 Aldate Street, à Gloucester, Angleterre. Et j'ai, à l'intérieur de moi, une place pour Marvin Underwood.

L'été va son train. Je mange souvent japonais. Du poisson cru, de la chair nue. Le 28 juillet, on apprend la mort de Marianne Ihlen, la Marianne de *So Long*. C'est moi qui trie les cartons de John, entassés dans le garage de Mitchell, entre un tracteur et une vieille Moto Guzzi empoussiérés. Mitchell et Cynthia se disent qu'après tout, ils loueraient bien leur cabane en Airbnb.

45

John se tient debout au pied du lit, droit comme un I. Il a un air enfantin, quelque chose d'espiègle dans sa moue. Il porte la chemise du dernier jour dans la cabane ; il s'était taché avec la sauce de l'osso buco, la tache a séché, je la vois. Il me regarde et sourit d'une seule dent. Je reprends ma respiration, je n'ai pas peur, c'est mon père ; qu'il apparaisse, c'est normal. Il me scrute, ne bouge pas d'un iota. Dans ses yeux, l'amour dessine un étroit faisceau de rides sous ses tempes. Pendant quelques secondes, son fantôme me reluque. Que je sois à poil n'a pas l'air de le déranger. *Salut, P'pa, ça roule ?* Je remonte le drap. *Beau temps, hein.* Je serre les jambes. *On va encore vivre une canicule.* Je cache mes seins. Et comme les fantômes se préoccupent peu de la vraisemblance, John Casterman exécute au débotté un drop à la José Limón : son épaule gauche se relâche, attirée par la gravité, suspension, retour.

John admirait Limón, dont il avait une photo dédicacée, glanée à la sortie d'une représentation d'*Orphée*, son dernier spectacle en tant que chorégraphe. On y voit un Limón âgé, coiffé d'un chapeau en feutre et le buste penché à la fenêtre d'un train qui partait peut-être pour le Mexique. La photo doit dater des années 1960. *Fall and recovery*, c'était l'un des trucs de Limón : tomber et ressaisir. La chute et la reprise.

— On s'écarte d'une position d'équilibre pour y retourner. Toute la vie est faite de ça, non ? On s'effondre, on se relève, on s'effondre encore, mais on se relève. Pourquoi, Jodie ? Parce que nous sommes des Terriens obsédés par le ciel.

Et dans le salon, la chambre ou le jardin, à l'improviste, pour m'épater, John liait quelques drops où s'opposaient les forces : la pesanteur et l'esprit. Quand j'allais le voir sur scène, j'étais fière. Et quand il dispensait ses cours, parfois, je m'asseyais au pied du long miroir et je buvais du petit-lait.

Fall and recovery. Tombe, ressaisis-toi.

46

Ce n'est pas la première fois que je cherche William Diabilis sur Google. J'ai fouiné, je sais fouiner, je fouine, comme vous, comme tout le monde. Quand j'ai vu sa gueule, la première fois, je me suis dit : *Tiens, c'est marrant, il ressemble à Larry Hagman, l'acteur qui jouait J. R. dans la série* Dallas. Je me suis dit ça, je crois. J'aurais préféré qu'il ressemble à Bobby. Enfin à Patrick Duffy, l'acteur qui jouait Bobby. Mais non : William, c'est plutôt Larry Hagman.

Il vit dans le Colorado. Avec tout son fric. Avec sa cour, ses assistants, ses gens de maison, ses agents de sécurité, ses jardiniers. Certains milliardaires affichent leur fortune sur les réseaux, vous expliquent en long et en large les voies du succès, d'autres sont à peine visibles, d'une discrétion douteuse. William Diabilis appartient à cette seconde catégorie de mecs ultra-friqués. Il est introuvable en coupé sport, n'apparaît pas une Nautilus au poignet gauche, une Daytona au droit, on ne l'aperçoit pas en pleine volée sur un court de tennis ou chevauchant un jet-ski avec, comme passagère, une femme de mon âge. Ce n'est pas Ralph Lauren, William, il ne pose pas dans son salon de cinq cents mètres carrés avec une tête de lion au-dessus de sa tête de con. Je dis ça, je ne connais pas Ralph Lauren.

C'est quelqu'un de très bien, je parie. J'ai un polo Ralph Lauren, la qualité est là, je le mets souvent, ce polo.

Dans Google Images, apparaissent cinq photos de William Diabilis, pas une de plus. Sur quatre images, il pose, figé, s'efforce de sourire. Sur la cinquième, on le voit en smoking aux côtés de Warren Buffett. C'est Buffett, c'est bien lui. C'est écrit dessous : *Warren Buffett, à l'occasion de l'assemblée annuelle des actionnaires de Berkshire Hathaway*. William y était. Avec Buffett. Ils ont parlé investissements, Warren et lui, et puis il y a eu cette réception interminable où toutes les conversations font plouf dans des verres de cristal. William Diabilis rechigne toujours à être photographié. On lit l'ennui dans ses yeux. La raideur de sa silhouette et le flou dans son regard ne créditent pas sa stature. On dirait qu'il a loué ses fringues. Ça pourrait être un prof à la retraite.

La mosaïque d'images est pauvre en données. Discret, monsieur trône sur ses arpents de planète. J'avais dans les dix ou onze ans quand John m'a parlé de Billy. J'ai oublié le contexte, oublié si c'est moi qui avais mis ça sur le tapis, mais John m'a dit qu'il avait *réussi*, qu'on pouvait considérer qu'il avait *réussi*, selon des critères productivistes. Que Billy Diabilis, le petit électricien de Portland, avait fait fortune dans le charbon. Loin de sa ville natale. J'ai dû m'étonner qu'on puisse devenir milliardaire en vendant du charbon, John a dû répliquer que c'était plus compliqué que ça, mais tant mieux pour lui, tant mieux, et il a esquivé toute narration encombrante d'un revers de main, drop et hop.

Plusieurs articles évoquent un ranch de vingt-cinq hectares à Ludlow, Colorado. C'est là que William Diabilis passerait l'essentiel de son temps à faire du cheval, jouer au billard français ou admirer ses œuvres d'art, entouré de trois dogues allemands, dans un royaume dont le XXIe siècle semble ignorer l'existence. Un article décrit William Diabilis comme réservé, secret et méticuleux à l'excès. Une personnalité rigide, un homme d'affaires inflexible. Un article en espagnol mentionne qu'il est le parrain de deux enfants vénézuéliens arrachés à un cartel en 2003. Un frère et une sœur. Il aurait payé leurs études et depuis, Luis et Alejandra seraient, à trente ans à peine, directeurs exécutifs de GreenForHope Holding, dont Billy est le PDG. Énergies renouvelables, conservation de l'environnement, protection de la planète ; Billy Diabilis se rachète une conscience. Un autre article indique qu'il aurait partagé l'essentiel de sa vie avec Lavinia Caldwell, décédée d'un cancer du pancréas en 2009.

Il est 5 h 33. Je suis réveillée depuis plus d'une heure. Un autre jour va se lever sur Portland et je vais faire ma slasheuse, jongler avec les jobs et dilapider mon temps. En attendant, sous les yeux bienveillants de mon père mort, je fixe sur l'écran de mon smartphone le visage de celui qu'il me reste et lui cherche des traits communs avec moi. Je ne ressemble pas à Larry Hagman. Mais je ressemble à ce type, c'est sûr, peut-être même davantage qu'à ma mère. Ce qui implique que j'aie, que je le veuille ou non et même si ça ne me saute pas aux yeux, un petit quelque chose de Larry Hagman. Est-ce qu'on peut ressembler à quelqu'un qui ressemble à quelqu'un d'autre, sans ressembler à ce quelqu'un d'autre ? Mon père. Mon autre père. Ce père-là, qui me regarde, diffracté en cinq images. Le monstre dans le placard. La créature. Le blob.

Mes yeux brûlent, ma gorge est sèche, je mords ma langue pour libérer un peu de salive et l'avaler. De l'index, je repousse les notifications : sept messages WhatsApp, cinq revues de presse, trois injonctions à pratiquer un sport ne serait-ce que cinq minutes par jour, car c'est suffisant pour vous débarrasser de ce bourrelet qui vous gâche la vie, une suggestion de partage de photos prises le même jour l'année dernière, un point météo. J'entends les canalisations voisines charrier les premiers besoins du matin. J'ai faim. Je me tire enfin du lit. Je déniche une biscotte, un morceau de chocolat bio, un kiwi ramollo. Le fantôme de John me suit des yeux. Celui de Billy se mêle à la bande-son d'un épisode de *Dallas. Tu as encore bu ce soir, Sue Ellen.* Je regarde par la fenêtre les gens qui s'en vont vivre. Sur le trottoir devant chez Filson, un sans-abri, shooté à la tranq ou va savoir quoi, est prostré. Il a cette posture typique, le corps gelé ou électrifié, quelque chose qui a à voir avec la glace et l'électricité. Les zombies ne rôdent pas seulement du côté de Hazelwood, Lents ou Powellhurst. Ils sont partout. Rôdez, mes frères, rôdez. Shootez-vous, prostrez-vous, jetez-vous dans le caniveau et puis ignorez-vous ou aimez-vous à la va-vite, mentez-vous, vantez-vous, dépréciez-vous, vendez-vous, levez le poing dans le vide, abdiquez, chantez en chœur pour vous consoler, planquez-vous au fond d'un bar ou d'une église pour pleurer. Faites ce que vous voulez. Je ne vous juge pas. Mais laissez-moi le vague sentiment de supériorité où les insomniaques affûtent le regard qu'ils portent sur le monde. Je vous regarde morfler sous les néons du *Portland Oregon Sign* et les fusées automobiles du Burnside Bridge. Je vous regarde. Vous cherchez une issue à vos singeries. Vous redescendez de vos grands arbres. Vous vous accrochez à des bras peu sûrs. Vos nez coulent. Vos cœurs explosent. Vos crânes déchantent dans les cendres. Les joints sont tous tirés, les pipes à crack ne brunissent plus. Les chopes et les verres à shot sont au lave-vaisselle. Vous avez faim, vous avez soif, mal à la tête ou à la gorge, vous avez peur, vous ne savez pas de quoi, vous voulez rire encore, danser, déconner, trinquer, mais avec qui ? Vous avez des regrets, vous les enterrez sous le tapis de sol d'une Mustang noire ou dans des chiottes publiques et vous vous remettez du rouge à lèvres. Vous avez le flingue dans la boîte à gants, au cas où. Vous êtes *ça* : largués chroniques, trimeuses de comptoir, poètes exécrables, coucheuses qui s'assument, nostalgiques siliconées, sapeurs vintage, fêtards fanés, vétérans de guerre, tireurs approximatifs, tous brisés de main de maître, le corps en souvenir. Des bêtes que la solitude a asservies, des créatures du bord du monde. Ce que nous sommes. Nous. Vous, moi.

J'aurai évité que les drogues me détruisent. J'aurai évité une dépression trop méchante qui m'aurait conduite à sauter d'un balcon. J'aurai évité que l'amour m'enfonce dans ses ratés. J'aurai évité qu'une stricte lecture sociale de mon être me déboulonne. J'aurai évité toutes les chances que la vie nous offre d'y mettre un terme plus tôt que prévu. Pourquoi ? Pour qui ? Il faut bien que ce soit pour quelqu'un.

47

Il y a trois ou quatre ans, je promenais Hook, au Washington Park, comme toujours. C'était un bernedoodle, avec une tête d'enfant. Je me serais battue pour défendre ce chien ; un gros dogue un peu taré l'aurait attaqué, je me serais mise à quatre pattes et j'aurais montré les crocs. Je n'aime pas tous les chiens, mais Hook était d'une bonté, d'une intelligence et d'une douceur que je n'ai retrouvées chez aucun autre. Je ne lui ai jamais donné un ordre. Je n'éprouvais pas le besoin d'être autoritaire avec lui. On se tenait compagnie. C'est ce qu'on est en droit d'espérer de sa relation avec un animal familier, quel qu'il soit. Qu'on ne soit plus obligé de lui dire *fais ci, fais ça. Non, Hook, pas là. Non, Hook, pas maintenant.* Je n'ai jamais eu à lui dire *non*. Il anticipait les besoins, les dangers, les faims, les soifs. Il le faisait pour lui et pour moi. La plupart des problèmes que j'avais à l'époque, Hook les connaissait en long et en large. On se parlait de tout. Son écoute était le début d'une réponse à n'importe quelle question futile, intime ou métaphysique. J'ai adoré ce chien. Et ce n'était pas le mien. M. Kaufman, son maître, me payait pour passer du temps avec lui, et son chien me faisait plus de bien qu'un psy que j'aurais payé cent cinquante dollars de l'heure.

Un jour, Hook a commencé à éternuer et à renifler. Je me suis dit que c'était un rhume, quelque chose de passager, M. Kaufman était d'accord ; Hook avait un terrain allergique, il avait connu ça, les rhumes de printemps. Mais Hook s'est mis à secouer la tête, comme s'il éprouvait une gêne. Ce n'était pas un rhume. Un épillet était entré dans sa narine. L'épillet est un petit épi de graminée sauvage. Il a une tige fine et dure. Quand il est séché par le soleil, c'est un harpon qui peut perforer l'épiderme. L'épillet entre dans le corps du chien par les yeux, les oreilles ou les coussinets. Et il fait son chemin jusqu'à un organe vital. J'avais lu un article sur cette merde. Hook avait dû rapporter ça de Sauvie Island où M. Kaufman allait parfois pêcher la truite.

Quand la narine de Hook s'est mise à saigner, j'ai pris une pince à épiler, j'ai essayé de retirer cette saleté, mais elle était déjà en migration à l'intérieur de son organisme. C'est allé très vite. Hook a commencé à cracher du sang. Je nettoyais sa langue avec des disques à démaquiller. Je rinçais ma bouche en même temps que la sienne, c'était plus fort que moi. Passé par sa trachée, l'épillet avait atteint ses poumons. Les lésions étaient trop graves pour qu'on l'opère. À l'intérieur, Hook avait des dizaines de blessures. Il a fini par faire une hémorragie. Sur la fin, je ne pouvais plus soutenir ses yeux de petite fille qui suppliaient que ça s'arrête. Hook Kaufman. Pas meilleur chien.

Je ne sais pas si je suis résolue à faire ta connaissance, Billy Diabilis. Résolue, non. Je n'ai pas le courage qu'il faut pour être résolue. Je pourrais laisser pisser. Je pourrais appuyer sur *reset*. Je pourrais passer ma vie à empiler les lots de consolation dans ma chambre froide et les regarder geler. Mais j'ai un épillet dans les yeux. Il faut qu'il sorte de mon corps, avant que je crache du sang dans un Kleenex. Le mot *épiphanie* plane dans la chambre, sur mon tapis de graminées. Je n'en ai pas fini : il me reste à naître une millième fois dans tes yeux de monstre désavoué, il me reste à arracher à mains nues l'épillet qui trouble ma vue au point de ne plus savoir quoi attendre d'une existence aux contours nébuleux, dont la géographie n'est composée que de paysages auxiliaires : dog-sitter apathique, actrice alimentaire, serveuse sinistre, je nourris des chiens, je sers des gens, je promène mon ombre. Tous me dominent d'un doigt levé, d'un aboiement ou d'un soupir. Combien d'hommes et de femmes sommes-nous, hein ?

En fouillant dans les cartons de John, j'ai retrouvé, coincée entre les pages d'un livre de William Carlos Williams, une lettre écrite de la main d'une certaine Phyllis Cobbs à l'attention de John Paul Casterman. Phyllis Cobbs : le nom ricoche dans ma mémoire comme une balle perdue. J'ai déjà entendu ma mère le prononcer, John aussi. Phyllis. Phyllis Cobbs. C'était une copine, de Portland ou d'ailleurs, mais je ne l'ai pas connue. Je crois qu'elle était photographe. Phyllis Cobbs. *Les photos de Phyllis Cobbs.*

La lettre a été rédigée sur du papier orné d'une plume de paon en haut à gauche. Elle est datée du 27 août 1980. Peu après ma naissance. L'écriture est nerveuse, mais facile à déchiffrer. Dans sa lettre, Phyllis confie à John avoir empêché Billy de se foutre en l'air quelques jours plus tôt, sur Poet's Beach, au bord de la Willamette, entre les rochers sur lesquels les enfants gravent leurs poèmes.

Billy était archi pété. Il voulait se jeter à la rivière. Au milieu de la nuit. Il s'est foutu à poil, comme un grabataire qui vire sa couche en plein centre commercial et il a commencé à courir le long des berges en beuglant Suzanne, Suzaaaaanne. J'ai vraiment cru qu'on allait le retrouver noyé le lendemain matin ou peut-être jamais. Heureusement que Nate était là pour m'aider. Avec ses gros bras et ma voix de sirène, on a fait le boulot. On l'a calmé, on l'a rhabillé et on l'a couché. Il en bave. C'est plus le même. Il s'est laissé pousser la barbe, on dirait Morrison au crépuscule.

C'est ainsi que commence l'enquête sur moi-même, cet été 2016.

48

— Ah, ta mère. Elle a gardé mon numéro, ta mère ?
— Son répertoire téléphonique a le même âge qu'elle.
— J'en déduis que j'ai l'âge de son répertoire.
— Si vous le dites.
— La petite Jodie, alors ça.
— J'aimerais vous voir, madame Cobbs.
— Tu vis à L.A. ?
— Non. Je suis à Portland. Je suis restée à Portland.
— Ça a dû changer, Portland.
— J'aimerais prendre un thé, dans les jours qui viennent.
— Un thé ? Mais qui boit du thé ?
— J'ai quelques questions à vous poser.
— Quel genre de questions ?
— Vous étiez bien photographe ?
— Photographe ? Et pourquoi pas mannequin, tant qu'on y est. Je n'ai jamais été photographe, moi. Je bossais dans la logistique de transport routier. J'étais préparatrice de commande. Photographe. Viens, je sens qu'on va se marrer.

49

J'ai dans les six mille dollars sur mon compte et le loyer d'août est déjà payé. Les affaires de John que j'ai gardées, j'en ai fait un autel sacré au milieu de mes bouquins, dans l'unité de stockage que je loue sur Columbia Avenue. Il n'y a pas grand-chose : sa dernière chemise, avec l'odeur, sa vieille montre Leonidas qui avait appartenu à un ancien pilote de l'armée de l'air italienne avec lequel John avait eu une histoire, trois albums photos que je n'ouvrirai jamais parce que personne ne rêve de passer sous un char, hormis quelques dingues qui, en cachette, se font des shoots de regret pour finir liquéfiés. Je ne regarderai jamais ces photos, non merci ; c'est un puits sans fond. L'autre jour, en faisant le tri des restes, j'ai été tentée d'ouvrir un album, le premier qui me tombait sous la main, à une page au hasard, pour voir. Quelle conne. Je suis tombé sur Suzanne et John en train de danser ensemble. Sur la photo, ils sont jeunes. Ma mère porte un short en jean qui lui fait un cul de l'espace et mon père un pantalon rouge super flashy. Un garçon est assis à l'arrière-plan, il les regarde en fumant, les jambes croisées, l'air ébahi. Dans l'angle de la photographie, en haut à droite, la date de la prise de vue a été ajoutée au stylobille : 9 août 1964. C'était l'été de leur rencontre, sur

Taylor Street. Et le garçon qui les regardait, j'imagine que c'était Mark, le fameux Mark du Skyscope. Percutée par cette image du bonheur enfui, j'ai senti ma vue se brouiller, mon cœur s'emballer, comme dans un accès de tachycardie. J'ai refermé l'album. Dans mon autel pour John Casterman, il y a des lettres dont les émissaires me sont inconnus, quelques objets auxquels il tenait, des disques de Queen, Cohen, Philip Glass ou PJ Harvey. Que je réécouterai un jour, assise en tailleur sur ma moquette, en priant les grands requins blancs de la nostalgie de s'attaquer à mon corps et de le démembrer. J'attendrai en musique ce jour promis où je pourrai dire, comme il se doit, que tous mes amis sont morts et que j'emmerde bien profond les lois merdiques de la création.

Je pourrais prendre sur moi, m'enfiler trois avions en apnée et régler le bazar. Rendre visite à ma mère à Santa Monica, la bousiller à coups de phrases aiguisées avec la maestria d'un samouraï penché sur son katana. Puis aller voir Billy à Ludlow, frapper à sa porte : *Coucou, c'est moi*. Je pourrais. Je ne veux pas. D'abord, les avions, c'est niet, jamais.

Elle vit ses derniers jours, la gamine mal emmanchée. J'aimerais l'enterrer ; elle mérite son repos, la petite Jodie, un ranch du Colorado comme mausolée. Je lui dirais qu'elle a fait de son mieux, elle n'a pas brillé, mais elle a trouvé des arrangements, comme le commun des mortels. Elle ignorait de quelle arnaque elle était le fruit gâté. Jodie Casterman. On s'est bien foutu de sa gueule. Sur sa tête recouverte de terre rouge, j'écrirais le mot *confiance*, comme si c'était la direction à prendre, sa prochaine destination. *Confidentia* : ça rappelle le nom des villes dans les romans d'anticipation, quand l'auteur sonde le futur en exhumant son vieux manuel de latin. *Con-fidentia*. Croire ensemble. Voilà la ville à rebâtir.

Con-fidentia. Ce n'est pas une ville moderne, avec skyline et ponts de verre ; je ne la vois pas comme ça. C'est un bled ankylosé au milieu du désert et des grands parcs, où vivent des gens perdus, comme moi ; ils se protègent du soleil, à l'ombre perpétuelle de panneaux publicitaires branlants, dragons à la langue gigantesque. J'appartiens à cette faune de l'Ouest, ces gens au sol, qui se demandent qui les a bernés, à quel moment, pourquoi eux.

Vous vous dites qu'à trente-cinq ans passés, je ferais mieux de m'affranchir d'une mère menteuse, d'un père mort et d'un autre inconnu, que je ferais mieux de brûler ce panthéon capricieux. Vous vous dites que je ferais mieux d'essayer d'aimer un mec ou une nana, en espérant être émue aux larmes par l'un de ses gestes. J'admire les gens qui se foutent de savoir d'où vient Maman, qui est Papa, et pour lesquels faire son deuil se résume à régler des frais de succession, avant de reprendre le cours de leur vie. Moi, je ne sais pas si je cesserai un jour d'être une fille. La fille de John et Suzanne. Celle de Billy. Pensez ce que vous voulez. C'est plus fort que moi. Je ne choisis pas d'être asservie, dépendante d'une narration à corriger dans la marge. Mais je choisis de plonger cette main en moi. Prendre le temps de plonger la main en moi, quitte à le perdre, mettons. Je choisis de perdre et je choisis de croire que la perte est un salut. J'irai par la route, comme si tous les espoirs de l'Amérique reposaient encore sur ses autostoppeurs. Je sens dans ma poitrine une forme distordue de l'enthousiasme, amortie par l'inquiétude. Les autostoppeurs ont disparu des bords de route laminés par la chaleur. De l'Oregon à la

Californie et de la Californie au Colorado, ils ne sont plus très nombreux à tendre le pouce, un brin d'herbe entre les lèvres. Ils s'organisent en ligne, sur des sites dédiés. Passer par les routes, ce n'est pas une lubie. C'est ma manière, elle est pétrie de peurs, et alors ? Je m'en vais chercher une réalité que je ne connais pas. À tâtons, dans cette pénombre où je suis. Je dirai à mes employeurs que je fais une dépression. On me remplacera en s'étonnant que ce soit aussi facile. Sur le site Carpool World, je dégote un covoiturage pour Redding, dans la Chevy Tahoe de Brandon Lopez qui, sur sa photo de profil, arbore une casquette des 49ers et le regard candide de Charles Manson. J'hésite à me fader sept heures de bagnole avec Brandon, mais son trajet et ses horaires collent avec les miens. On arriverait à Redding dans la soirée. Je passerais une nuit dans cette ville où je n'ai jamais foutu les pieds et le lendemain matin, je repartirais dans la Ford Fusion de Leandra Flores Burke, en direction de Santa Monica où Phyllis Cobbs m'attend pour me raconter l'été 1981, quand Billy Diabilis pensa finir ses jours, noyé dans la Willamette.

50

Sur la galerie de la Chevy Tahoe de Brandon Lopez, un kayak jaune et orange prend le vent. Brandon ne ressemble pas tant que ça à Charles Manson et il se fout des 49ers, il préfère le soccer. On roule depuis bientôt deux heures sur l'Interstate 5 en direction de Redding. On vient de passer Eugene, la clim à plein régime. Brandon prend deux semaines de vacances au bord du Whiskeytown Lake où il a ses habitudes depuis son divorce. Clarissa, son ex-femme, a emménagé à Redding il y a cinq ans, avec leur fils, Eddy. On n'avait pas atteint Salem que Brandon me montrait déjà des photos du petit, son smartphone dans une main, le volant dans une autre. Il a besoin de parler, Brandon. Eddy va sur ses onze ans. Il adore faire du kayak avec son père. D'habitude, Brandon loue un biplace. Mais cette année, il va faire la surprise au gamin : un kayak tout neuf, rien que pour lui. Clarissa a un nouveau mec depuis cet hiver. C'est le troisième depuis le divorce. Il trouve ça *trop. Clarissa fait n'importe quoi, elle ne donne pas le bon exemple à Eddy.* Le nouveau mec s'appelle Adam. Il ne lui aura fallu que six mois pour poser ses valises chez Clarissa. Est-ce que je me rends compte qu'Eddy vit sous le même toit que Clarissa et Adam ? *Mais oui, Brandon, c'est, c'est dur, c'est, c'est la vie, c'est, excuse-moi Brandon, je ne sais pas trop quoi dire à part que c'est la vie et que tu ferais mieux de lâcher l'affaire.*

Adam est prothésiste dentaire. Au moins ça rassure un peu Brandon : *Ce n'est pas un de ces chômeurs qui cherche une bonne poire à éplucher. Il a un vrai job, il gagne de quoi.* Brandon va rencontrer Adam pour la première fois. Il espère qu'il ne sera pas tenté de lui péter la gueule. Il se dit qu'au pire, Adam pourra se refaire lui-même un dentier. Ça le fait marrer. Je lui demande si lui a quelqu'un dans sa vie. Il répond : *Rien de sérieux, des histoires, comme ci, comme ça. Mais Clarissa, elle s'en fiche.* Il dit ça avec la voix d'un type qu'on vient de licencier. Puis son regard se perd sur la route, il allume la radio, le GPS indique qu'on passe à proximité d'un bled nommé Yoncalla. *Elle ne m'aime plus, Clarissa, elle n'a plus aucun sentiment.* Pour changer de sujet, il me lance qu'il travaille dans la construction modulaire, parce qu'*on aura toujours besoin de structures préfabriquées, vous ne pensez pas ?*

Un jingle Bob FM 105.5 conclut la série de pubs, puis Pat Benatar attaque le spoken word en ouverture de *Love Is a Battlefield.* Les chansons tombent toujours à point, Brandon, *no promises, no demands*, parce que je vais être franche avec toi, je n'aurais pas su quoi répondre à ton histoire de structures préfabriquées. *Whoa whoa whoa whoa whoa, we are strong.*

51

À l'heure qu'il est, Brandon Lopez doit avoir rejoint son fils, son ex-femme et Adam le prothésiste. Ils ont dîné tous les quatre, ont trouvé la gêne excellente, le malaise délicieux et l'envie de meurtre juste à point. Je passe la nuit au nord de Redding, dans une chambre du Motel 6 du coin. Le mec à l'accueil m'a surclassée, je bénéficie d'un lit double au prix d'un lit single. La saison peine à démarrer. Ça devrait s'arranger en août, grâce au paddle, qui a le vent en poupe. Et puis, pas mal de gens viennent faire un trail sur le Mount Shasta. Pas moi, non merci, moi je vais garder mes cuisses à l'état naturel et ma psyché en vrac. Moi, je suis là, au distributeur, je me paie un paquet de Cheetos Crunchy, des M&M's et un Diet Coke, un repas de reine du bal. Sur la coursive, je croise un vieux balèze en pyjama avec un chat dans les bras. Un siamois altier souffrant d'un léger strabisme. Le vieux me déconseille d'aller à la piscine. Ils doivent la refaire, elle date. Il sent vaguement l'urine, la sienne ou celle de son chat, peut-être les deux. Je rejoins ma chambre, je me mets à poil et je m'empiffre, allongée sur le lit. J'allume la télé, pour éviter de sombrer dans mes bruits de bouche. Je regarde cinq minutes de Jimmy Fallon. Jerry Seinfeld est l'invité. C'est drôle et c'est pas drôle, j'ai trop regardé Seinfeld, il me sort par les trous de nez. Sur le parking du Motel 6, aucune trompette. Une voiture laisse tourner son moteur, c'est tout et c'est déjà trop. Je zappe. Je regarde le bout d'un épisode de *Game of Thrones* en rediffusion. Un bout de *Grey's Anatomy*. Rien ne me tient. Je zappe encore. Un bout, un autre. Des bandes-annonces, des pubs. La semaine prochaine, Netflix va sortir une nouvelle série, *Stranger Things*, avec Winona Ryder. J'adore Winona Ryder. J'aurais dû être Winona Ryder. Au lieu de ça, je suis Jodie Casterman et je dors à Redding, dans un fucking Motel 6 qui accepte les animaux domestiques, sans supplément. J'ai envie d'aller m'acheter un paquet de Doritos, mais la flemme.

Je tape William Diabilis sur Google. Je regarde les cinq images que je connais maintenant par cœur, comme si je les traînais depuis toujours dans mon sac à main. Je m'enfonce dans les pages, je lis trois nouveaux articles. Puis je coupe tout. J'éteins la lumière. Je garde les yeux ouverts dans l'obscurité. Un cafard chante *Love Me Tender* dans la baignoire, mais comme il s'agit d'un cafard, je peine à reconnaître la mélodie.

52

Leandra Flores Burke finit par arriver sur le parking du Motel 6, trente-cinq minutes après l'horaire prévu. Elle se confond en excuses, une panne d'oreiller, il fallait que ça lui arrive aujourd'hui. J'ai eu le temps de m'enfiler un litre de café filtre avec un paquet de Nutter Butter. Mon haleine doit puer le beurre de cacahuète, j'ai épuisé mes chewing-gums, tant pis. Je souris à Leandra, avec les moyens du bord, vu ma gueule. Même sourire tordu aux autres passagers de la Ford Fusion, deux Coréens, un garçon et une fille d'une vingtaine d'années, à l'anglais limité. *Ils veulent voir Hollywood*, dit Leandra. *Ils vont être déçus. C'est fini, Hollywood. Le Boulevard, c'est de la pisse plein les étoiles.* La Coréenne rejoint son camarade sur la banquette arrière, sans que j'aie réclamé quoi que ce soit. Elle lui prend la main et la pose sur ses cuisses. Elle répète : *Thank you, it's OK, thank you.* Je m'installe à l'avant. L'habitacle sent le poisson séché et l'huile d'amande douce. Ajoutez la cacahuète et la seule bonne question à se poser, c'est : qui dégueule le premier ? J'ai mal dormi. Le fantôme de John est passé vers trois heures du matin. Il m'a demandé ce que je faisais là, à Redding, seule dans ce motel pas terrible avec toutes ces miettes de Cheetos Crunchy sur mon drap-housse. *Rien. Je vais voir*

Phyllis. Phyllis Cobbs. J'étais prête à engager une longue conversation, mais John s'est évaporé avant que j'aie le temps de lui dire que je passerais aussi voir Suzanne dans sa roulotte et que j'essaierais de ne pas marquer les trottoirs de Venice Beach d'un fait divers supplémentaire. En l'éviscérant, par exemple.

Leandra Flores Burke a plus ou moins le même âge que moi. Elle a quitté Ciudad Juárez en 2005, après que le président Fox Quesada a déclaré que la majorité des meurtres de Juárez avaient été élucidés et que tous les coupables étaient derrière les barreaux. Leandra ajoute : *Mon cul* et elle s'excuse pour son langage. Si elle savait à qui elle cause. À Juárez, Leandra avait une nièce, Ximena. Elle avait dix-sept ans et faisait des études, c'était une fille intelligente, une travailleuse qui voulait éviter de passer sa vie dans une maquila, elle se voyait bien dans une université américaine, pourquoi pas Stanford ? On a retrouvé Ximena décapitée en plein centre-ville, un matin, parmi d'autres corps en morceaux. Au début, Leandra est restée à Juárez pour soutenir sa sœur et les autres mères de famille touchées par les féminicides. Et puis elle a craqué, elle a saisi la première occasion de passer la frontière. Elle a d'abord vécu quelque temps à El Paso, puis a élu domicile à Redding, la ville idéale selon elle. Leandra Flores Burke sera toujours reconnaissante à son ancien professeur d'histoire d'être devenu son mari et de l'avoir tirée de l'enfer. Elle ne retournera jamais au Mexique. Elle a passé sa jeunesse bercée par la musique ranchera. Lola Beltrán, Pedro Infante, elle connaît bien. Aujourd'hui, elle n'en écoute presque plus. Elle est fan de Justin Bieber, qu'elle trouve mésestimé. Je ne sais pas quoi dire quand Leandra me demande ma chanson préférée de Justin Bieber. Euh.

Les huit heures du voyage passent, aussi légères que le coude de Bukowski à minuit, grâce à l'évocation des viols et des meurtres qui noircissent le quotidien de l'État de Chihuahua. J'avais besoin qu'on me rappelle à quel point la nature de l'homme est corrompue et combien la convoitise et l'impunité sont les mamelles de toutes les nations. Leandra me dit qu'il ne faut surtout pas mettre les pieds dans un bar, le samedi soir à Ciudad Juárez, parce que les gringos passent le Río Grande avec dans la tête le projet de réaliser leurs pires fantasmes.

On arrive à Santa Monica vers cinq heures du soir. Le ciel est mauve, quelques nuages peinent à s'imposer sur la côte. Toutes les bagnoles de Californie se sont donné rendez-vous là, ça klaxonne à tout-va, ça fait des doigts derrière son pare-brise, ça descend sa vitre pour insulter le mec d'à côté qui n'a pas mis son clignotant pour s'insérer, ça cherche l'entrée du parking en agitant les bras. Les trottoirs sont gavés de corps bronzés, de visages au couteau, de bandes de potes, de tox la main tendue, de skateurs bornés, de parents qui veulent offrir aux gosses les attractions du Pacific Park. C'est l'heure où les obèses se tapent des churros à l'abri du soleil et des regards accusateurs. Leandra Flores Burke a la gentillesse de me déposer près de chez Phyllis, sur le parking du Party City, Sepulveda Boulevard, ça lui fait plaisir et puis sa tante, quatre-vingts ans demain, n'est pas à cheval sur les horaires. Elle souffre d'Alzheimer depuis deux ans, la pauvre, elle a perdu pied. *Toi, tu sais, Jodie, que c'est sauvage de vivre.* C'est ce que me lance Leandra Flores Burke par la vitre de sa voiture, avant de redémarrer.

53

— Avec John, on n'a jamais perdu le contact. Si je ne suis pas venue à son enterrement, c'est à cause de mes varices et d'un ongle incarné. Tu vois comme je marche ? J'ai l'air d'une catcheuse qui s'est fait démolir. On a vécu les meilleures années, John et moi. Avec ta mère aussi. Je sais qu'elle vit dans le coin. Mais tu sais, à L.A., on ne voit personne. Elle va bien ?

— Elle est triste.

— Évidemment.

— De naissance.

— Assieds-toi, mets-toi bien, le coucher de soleil va être dingue. Eh oui, Jodie. Ta mère, c'était la plus belle femme du monde. Moi, je n'aimais pas les femmes. Ta mère non plus, pas trop. On a quand même un peu couché ensemble, une fois. John était dans le lit avec nous. Une tranche de rigolade, cette nuit-là. Je sais même plus si c'était à Portland, Moscou ou en Afrique de l'Est. À trois dans un pieu, on fait vite le tour de monde. Tu ne peux pas savoir à quel point on a été fous. Libres. Insolents. Et puis, après 1973, c'est parti en sucette.

— C'est sûr, c'est sûr.

— Je peux te raconter ça, non ?

— Oh oui, vous pouvez, madame Cobbs.

— Phyllis, je t'en supplie.

— Phyllis.

Au loin, dans la réverbération du soleil qui descend sur l'océan, Phyllis Cobbs cherche en clignant des yeux la grande roue du Santa Monica Pier, minuscule rouage arraché à la mécanique disloquée de la ville.

— Pauvre John. Ces cancers, c'est affreux. Tout le monde part comme ça, avec des cancers. Quand c'est pas le sida. Y en a eu, des sida. Swanny, Ray, les frères Moore. Eh ouais. Bon. T'aimes la vodka, non ?

Phyllis traverse en claudiquant le salon dont les lignes et les courbes, les pleins et les déliés offrent un camaïeu de beige, strié de turquoise et nimbé des lueurs orangées que le Pacifique distille par la baie vitrée. J'ai laissé mes baskets dans le vestibule, jeté mon blouson aux poignets décousus sur la méridienne en velours. Trou dans ma socquette gauche ; j'aurais mieux fait de voyager pieds nus. Il fait encore trop chaud. Les heures de bagnole refoulent de mes aisselles. Ça ne me déplaît pas. Penchée sur la table basse, les coudes sur les cuisses, j'aperçois mes seins par le col lâche de mon tee-shirt. D'instinct, je le réajuste. Phyllis pose entre nous deux shooters de vodka.

— C'est de la Squadron 303. T'as vu les verres ? Base métallique. Pour rappeler les munitions des canons de Spitfire. Maniables, rapides, de sacrés avions. Sans eux, les Anglais n'auraient jamais niqué la Luftwaffe.

— Je n'ai jamais pris l'avion.

— Quoi ?

— Je préfère pas.

— Moi, je suis sortie quelques mois avec un ancien pilote de la Royal Air Force. Frank. La classe. Il avait pris sa retraite dans le quartier. Quand tu peux finir ta vie en chemisette à fleurs, t'hésites pas. Il est mort en glissant dans sa baignoire, et hop. Allez, ma belle, Shot of Glory !

— Shot of Glory.

On boit. J'ai du mal à réaliser où je suis. Le soleil descend. Je pue. La vodka ne va pas m'aider à me situer.

— J'ai retrouvé une lettre que tu as écrite à John en 1981. Où tu parlais de mon père.

— John.

— Billy.

— Ah, Billy. Oui. Peut-être.

— Où tu dis que tu l'as empêché de se tuer.

— Comment tu l'as eue ?

— John l'a gardée.

— Ton père était quelqu'un d'assez à part.

— Quel père ?

— Oh les deux. Chacun a sa manière. C'est beau, cette vue, hein.

— Oui. C'est toujours beau, le Pacifique. Je n'aime pas Santa Monica, mais c'est beau.

— Parce que tu viens souvent ?

— Non.

— C'est vrai que Portland, ça n'a rien à voir.

— C'est Portland. C'est autre chose.

— On en a fait, des virées. Quand ta mère et Billy se sont installés. On était un petit groupe. John ne nous rejoignait que de temps en temps, mais chacune de ses visites, on la marquait d'une pierre, je t'assure. On allait manger des poulets rôtis chez Huber's, une habitude, le poulet rôti, va savoir pourquoi. Billy et moi, on a découvert qu'on était deux dingues des Niners. Un autre ?

— Ça ira.

— Je désinfecte toutes les plaies avec ça.

— Pourquoi il a voulu mourir, Billy ?

— Dis donc, tu fouilles.

— J'ai le droit, je crois.

— On voulait protéger Suzanne, mais c'était Billy le fragile.

— On ?

— John. Et quelques autres. Les proches de l'époque. Le petit cercle.

— Et Billy, tu as continué de le voir pendant longtemps ?

— Ça n'a pas été une histoire facile, mais c'est l'une des plus belles que j'aie vécues.

— Vous étiez ensemble ?

— Être ensemble, qu'est-ce que c'est, ça : être ensemble ? On est ensemble, on n'est pas ensemble. Ces expressions toutes faites. T'as quel âge ? On parlait, on sortait, on baisait. Billy était un baiseur magnifique. C'est bien que tu saches que ton père savait aimer. Ta mère, elle n'a jamais su accepter les cadeaux. Elle préférait collectionner les épaves.

Phyllis Cobbs gratte de ses ongles rouges les creux poplités où elle cache des plaques d'eczéma depuis plus de soixante-dix ans. Elle déploie tant d'efforts pour faire tenir en place sa vieille beauté que sa laideur y gagne une lumière tragique. Elle toussote, s'en jette encore une gorgée, regarde le soleil qui descend sur le Pacifique. De longs rubans de ciel commencent à s'embraser.

— J'ai commencé à voir Billy, disons assez vite oui. C'est si loin tout ça, une autre époque, on parle des années 1980, ma petite Jodie. Je n'étais pas tellement moins belle que ta mère, tu sais. Et je peux te dire que dès que Suzanne a foutu le camp, on s'est envoyés en l'air comme deux étudiants, Billy et moi. Et si je crèche ici, c'est grâce à lui.

— Pardon ?

— Comment je paierais le loyer avec ma retraite de merde ?

— C'est Billy qui ?

— Je suis arrivée à Santa Monica en 2001. Début octobre, juste après les avions. Tout juste arrivée, j'ai fait une dépression. J'allais sur la plage, je m'asseyais face à l'océan et je pleurais. Je regardais les surfeurs et je pleurais. Je prenais un latte au coffee shop et je pleurais. J'en ai bavé, moi, à cause de ces putains d'avions. Pourtant, j'ai perdu personne de très proche. Mais je ne sais pas comment dire, je les ai pris pour moi, ces avions, tu vois. C'est comme s'ils avaient foncé sur ma vie. Billy ne m'a pas lâchée. Je lui ai dit que je prenais des médicaments. Que ça me coûtait la peau du cul. Alors de fil en aiguille.

— John savait ?

— Il n'aurait pas aimé.

— Et Suzanne ?

— Au début, on s'est appelées, on s'est vues une paire de fois, mais on n'a pas vieilli dans le même bain, elle et moi. Ça n'a pas été difficile de tirer un trait. Tu sais, Petit Cœur, j'ai ramassé Billy en mille morceaux. C'est ça qui rendait la baise si belle avec lui, je crois. C'est dans le désespoir qu'il puisait son désir. Et ça n'était pas des restes, ma petite, je t'assure, je n'avais pas les restes. Du premier choix.

— Il t'a parlé de moi ?

— De toi ?

— Oui, de moi. Est-ce qu'il a posé des questions sur moi ?

— Tu veux la vérité ?

— Oui.

— Pour Billy, tu n'existes pas. Il a une vie dont tu n'as pas idée. C'est quelqu'un de très important.

Elle dit ça pour me heurter. Je sens chez Phyllis le besoin de faire mal. Ce n'est pas méchant. C'est une vieille Mme de Merteuil botoxée et boiteuse, dans un appartement qui ne lui ressemble pas.

— J'en veux un autre. Je peux ?

— Ah. Tu me fais plaisir, ma petite.

Squadron 303 dans mon shooter. Cul sec.

— Enfin ton vrai visage.

— John m'a trahie. Suzanne m'a trahie. Billy m'a trahie. Toi aussi, tu m'as trahie, mais oui. Le monde entier s'est mis d'accord : trahissons-la, on n'en est pas à une fiction près.

— Si Billy t'avait laissé exister dans sa vie, il l'aurait passée à se traîner d'un bar à l'autre.

— Jamais une seule question sur moi ?

— Jamais.

— Ça n'existe pas, *jamais*.

— Une fois, il a parlé d'un dollar.

— Quoi ?

— Ouais, un dollar.

— Un dollar ? Quel rapport ? Tu te fous de ma gueule ? Sers-m'en un troisième pour voir où ça nous mène.

Cul sec, dents serrées.

— On parlait d'un truc, j'ai oublié quoi. Au milieu d'une phrase, Billy a dit : *le dollar de Jodie*. Il a dit ça. J'ai trouvé ça bizarre, alors c'est resté.

— *Le dollar de Jodie* ?

— Et puis – ah oui, ça me revient, tiens, c'est drôle – il m'a annoncé qu'il licenciait Howard, c'était le même jour. Ça m'a surprise, parce que Billy appréciait Howard, il me parlait souvent de lui.

— C'est qui, Howard ?

— Howard, c'était l'employé modèle. Il assurait la sécurité de Billy. Je l'ai rencontré deux ou trois fois.

Quelqu'un de très civil, très élégant. En réalité, il s'appelait Farouk. Mais Billy tenait à ce qu'on l'appelle Howard. Quand il a décidé de se passer d'Howard, Billy s'est inquiété de lui trouver un nouvel emploi au zoo de Santa Fe.

— Au zoo ?

— C'est peut-être Howard qui lui a demandé, qu'est-ce que j'en sais. Au zoo ou ailleurs, mais qu'il ait un nouveau job. Ça devait être au moment de l'élection d'Obama, le second mandat, en 2012, dans ces eaux-là. Billy l'a beaucoup soutenu. C'est un démocrate, un vrai. Moi, je suis républicaine. Pas envie d'un président qui danse sur Tina Turner.

— Il vient souvent te voir, Billy ?

— La dernière fois, c'était pour mes seins. Je venais de les refaire, fallait qu'il les voie. Depuis, on s'envoie des messages, deux ou trois fois par mois. Maintenant, il passe le plus clair de son temps à Ludlow. Ton père est spectrophile : il collectionne les fantômes. Tu trouves l'adresse sur le net. Ludlow.

— Dans le comté de Las Animas.

— Tu lui ressembles.

— À qui ?

— À Billy, je trouve que tu lui ressembles. Ce n'est pas seulement physique.

— Si tu le dis.

— Tu sais tout, Jodie.

— On en prend un dernier ?

— T'es sûre ?

— Sûre.

— Et toi, t'as reconstruit tes seins ?

54

Je n'aurais jamais dû picoler comme si j'étais une grande personne. J'ai l'impression de marcher avec des pantoufles et qu'un bataillon de corbeaux fait *croa* dans ma tête. Sur mon épaule, mon sac de voyage pèse plus lourd que la conscience d'Al Capone dans sa cellule d'Alcatraz. J'irais bien gerber derrière un camion, avant de monter dans le taxi. *Bonsoir monsieur. Sidewalk Café. S'il vous plaît, roulez doucement.* Tandis que la voiture se fraie un passage sur Pico Boulevard en direction de l'Ocean Front Walk, je me repasse le film de Phyllis en accéléré, mais la Squadron 303 produit dans le montage des séquences des fantaisies qui rapprochent le résultat de *Inland Empire* de Lynch. Je suis assise face à Phyllis qui se met soudain à hurler *BIIIILLYYY,* comme Laura Dern en gros plan. Des oreilles de lièvre ont remplacé les nôtres. Jeremy Irons passe dans le salon beige et turquoise en murmurant : *Nos producteurs connaissaient cette histoire et ils ont décidé de ne pas nous en parler*. Je n'ai rien compris à ce film, mais j'en garde un excellent souvenir. Je demande au taxi de s'arrêter un instant, j'ouvre la portière d'un geste franc, *est-ce que ça va madame ?* Pas le temps de répondre au chauffeur, je cherche un endroit discret, en vain, alors je vomis au pied du Trader Joe's, à hauteur de la 32e Rue. Jodie Casterman, Mesdames et messieurs, en direct du Far-West.

Je remonte dans la voiture. *Merci d'avoir attendu. Je suis désolée. Je suis enceinte.* Je m'entends dire ça : *Je suis enceinte.* L'information semble soulager le chauffeur de taxi. *C'est dur, les premiers mois, vous savez.* J'appelle Suzanne. Je vais être en retard. On dit vingt heures. Elle était déjà en route pour le Sidewalk Café. Pas grave, elle va méditer. On va tous méditer. Je voudrais comprendre pourquoi David Lynch organise ma vie depuis quelque temps. Il ferait mieux de me prendre dans son prochain film, plutôt que jouer Dieu dans la mienne. *Excusez-moi, monsieur, je crois que ça me reprend.* Le taxi s'arrête, portière, panique, galette de gerbe à l'angle de Pico et de la 4e, devant la station Arco où le mec qui fait son plein me contemple, plein de sidération et de miséricorde.

J'ai changé d'avis, déposez-moi près de la plage. Le chauffeur de taxi me lâche tout près de l'hôtel Casa del Mar. Il me remercie de ne pas avoir vomi dans la voiture et me souhaite une bonne grossesse. Je n'ai pas quitté mes pantoufles et mes oreilles de lièvre. Mon sac est de plus en plus lourd. Je vais me baigner et reprendre le film de Phyllis réalisé par Lynch. Des milliards d'ampoules s'allument dans les bars et les restaurants de Los Angeles, pour dompter la nuit qui se lève. Ce n'est pas une ville, mais le plus grand terrain vague du monde. Autour de moi, la crinière des palmiers culmine entre les toits. Les façades scintillent. Les graffs se sont évaporés dans le fumet des arrière-cuisines. Restent un Jim Morrison impavide sur un mur de briques éclairé au néon jaune et puis Schwarzie, version eighties. Restent des aliens et des roses aux pétales décrépits. Restent les barbecues rouillés au fond des jardins, des bagnoles grosses pour rien et les ambitieux aux dents de résine, les trimeurs aux dents cassées, les déclassés qui n'en ont plus. C'est moche, Santa Monica, qu'est-ce que c'est moche, tous ces gens trop beaux sont trop moches. Tous ces cyclistes, ces surfeurs, ces skateurs, ces nageurs, ces coureurs, ces danseurs, ces peintres à la petite semaine, ces marchands de babioles, ces créatures de foire, ces rock bands gratuits.

À la terrasse du Coast, un couple dîne déjà. Elle est très belle, très moche, lui pas mieux, ils vont bien ensemble. Elle a l'air gonflée de compléments alimentaires et lui de stéroïdes, mais l'inverse pourrait être vrai. Je parie qu'ils vont manger du crabe au tofu, avec la sauce à part. Sur la promenade, tout le monde se ressemble : des milliers de chiens, milliers de loups, qui courent comme des dératés après une meilleure version d'eux-mêmes en essayant d'éviter les miroirs trop honnêtes. *Triste fleur dans le sable*, comme l'a écrit John Fante dans je ne sais plus quel bouquin lu il y a longtemps.

Près des terrains de volley-ball, un groupe de surfeurs s'éloigne du bercail, la planche sous le bras ; le line-up ferme. J'enlève mes sneakers, mes socquettes. Encore tiède, le sable s'insinue entre mes orteils et sous le vernis bleu de mes ongles. Je traverse la plage en direction du rivage. Je croise des physiques de magazine et des créatures de *Star Wars*. Au plus près de l'eau, j'abandonne mes affaires, me désape. Je m'agenouille sur le rivage, ma tête tourne encore, les vagues viennent mourir dans mes jambes. C'est froid, parce que le mystère des hommes repose dans l'eau du soir. Le Pacifique est le bénitier des profanes, des solitaires, des inutiles, des perdus qui se perdent encore. Mais je me sens prête à faire naître une étincelle. Oui. Croyez-moi. Jodie

Casterman. Vivante et ivre. Croa. Croa. Croa. David Lynch s'assoit sur Los Angeles, parce que c'est Dieu et qu'il peut tout se permettre. Laura Palmer danse sur la vague la plus haute, silhouette bleue sur fond bleu. Tiens, elle a des oreilles de lièvre elle aussi. Une autre vague me rapporte l'agenda de mes treize ans, revenu de Dieu sait quelle contrée lointaine où des Papous ont peut-être joué à le décrypter. J'en écarte avec délicatesse les pages détrempées. À la date du 20 janvier 1993, j'ai écrit : *Audrey Hepburn est morte*. À la page du 17 avril, j'ai écrit : *Vivienne Smith est une dinde.* Vivienne Smith. J'avais oublié Vivienne. Vivienne Smith était une dinde et la première de la classe, une dinde surdouée qui écrasait la concurrence. Elle avait tout, Vivienne, tout pour elle et tout pour être une dinde. À la page du 18 mai, je retrouve un bout de la collection de listes de Sei Shōnagon. Sei Shōnagon était une femme de lettres et une courtisane japonaise, à l'époque de Heian. *Liste de choses qui gagnent à être peintes. Liste de choses qui perdent à être peintes. Liste de choses qui ne font que passer. Liste de choses qui semblent éveiller la mélancolie. Liste de choses qui frappent de stupeur. Liste de choses qui sont éloignées, bien que proches. Liste de choses qui sont proches, bien qu'éloignées. Liste de choses qui prennent une importance exagérée quand on écrit leur nom en caractères chinois. Liste de choses auxquelles on ne peut s'abandonner.* Ces listes ont plus de mille ans. Mais pour moi, elles datent de 1993. Je laisse flotter mon agenda, ses listes et Laura Palmer, jusqu'à ce que la nuit enveloppe le Pacifique, strié de lumières aux faisceaux ondoyants. Je sors de l'eau. Ça va mieux. J'essuie mon corps avec la serviette de toilette tirée de mon sac de voyage. J'enfile ma robe verte sur une culotte propre. Je trouve un message de

Suzanne sur mon smartphone. Elle me prie de la rejoindre plutôt chez elle. J'aurais préféré avoir un sas. Prendre un verre dans un café, dîner dehors. M'habituer à sa présence, avant d'être assaillie par ses choses et ses odeurs, tous ces trucs qui la regardent. Je n'aime pas aller chez les gens. Quand on a mes yeux, des yeux qui sont comme une arme ou comme un piège, on se nourrit de tout et l'appétit de voir est inapaisable. On voudrait faire autrement, s'aveugler de son plein gré, pour reposer ses yeux. Viser le ciel où tout est possible. Ou se noyer sur la terre, dans un point fixe. Mais j'ai la passion des scrutateurs qui n'en font pas leur métier, j'ai la satisfaction des détectives du dimanche, excités par les rouages de leur enquête plus que par l'appât du gain. Quand on regarde, on voit tout, y compris ce que les gens essaient de cacher à tout prix. Je veux bien rater ma vie, si je réussis mon regard. En attendant, il va falloir tout prendre de plein fouet.

Sur la plage, alentour, on est encore des centaines de traînards qui sondent l'invisible, convaincus que la vie est moins un problème à résoudre qu'un risque à prendre.

Phyllis Cobbs
Les cancers
Le sida
La Squadron 303
Shot of Glory
1981
L'eczéma
Howard / Farouk
Le dollar de Jodie

55

— Tu es magnifique.

— Excuse-moi pour le retard. L'été, ici, quel enfer.

— Oh, tu t'es baignée ?

— Je puais.

— Quelle idée de venir en voiture.

— J'avais le temps.

— Pose ton sac à l'intérieur, mets-toi à l'aise.

— Des rouleaux de printemps.

— Et des chicken wings. Churros pour le dessert, sauce chocolat.

— Harper et Daniel ne sont pas là ?

— Ils sont à Chicago. Ça y est, leur belle-fille a accouché, tu sais.

— Non.

— Elle a eu un petit garçon. Alvin. Bof. Alvin ?

Depuis plusieurs années, le Bedford de Suzanne est garé sur Carroll Canal, contre une palissade de bois brut ourlée de cactus malades. C'est l'entrée de la maison de Harper et Daniel. Sur leur portail, on peut lire *Joy is the only way*. Après une carrière à Chicago, dans l'édition de livres d'art, Harper et Daniel ont pris leur retraite à Los Angeles. Quand elle est arrivée à Venice, en 2009, Harper a tenu à rencontrer ma mère. Elle était fan de Cohen et savait que la Suzanne qui lui avait servi de muse vivait dans le coin une prétendue vie de bohème. Il faudrait qu'on s'entende sur les termes, voyez. Ma mère en chie. C'est ça, la vérité. Elle a toujours vécu avec peu, Suzanne. Elle n'éprouve pas de grand besoin, elle s'en excuse presque, avec la tête basse du cancre sous la menace d'un redoublement : *Oh non, tu sais moi, je n'éprouve pas de grand besoin.* À soixante-douze ans, elle vit dans une pseudo-caravane, sur un pseudo-parking. Elle masse des inconnus dans le lit où elle dort. On n'est pas à une déroute près. L'Amérique est un désastre qui embellit de jour en jour. Toujours est-il qu'avec Harper, le courant est passé. Elles se sont raconté leurs jeunes années, ont partagé leurs vues sur l'art et sa nécessité ou je ne sais quoi. Suzanne a fait son numéro, genre *nous sommes les branches et les sous-branches qui protègent l'enclos des landes spirituelles*, etc. Assez vite, Daniel et elle lui ont proposé ce bout de trottoir au milieu des canaux. Ils n'en ont pas l'utilité ; ils vont à pied ou roulent à vélo.

J'ai gardé mon sac près de moi, pris soin de ne pas regarder par la porte latérale du van l'aménagement intérieur ; s'il a changé ou non. L'air est encore lourd et les moustiques affamés. On les voit zigzaguer sous l'un des rares lampadaires de la rue. Mes orteils jouent avec les grains de sable immiscés à l'intérieur de mes socquettes. Suzanne a déplié sa table de camping entre deux cactus noirâtres.

— Que veux-tu, Harper ne peut pas s'empêcher de les arroser. Je lui ai dit cent fois que les plantes succulentes ont une anatomie adaptée à la conservation de l'eau, mais c'est plus fort qu'elle. Elle arrose tout et n'importe quoi. Cette maladie a sûrement un nom. Maintenant, tout a un nom. On devrait mieux se porter, est-ce que c'est le cas ? Assieds-toi, ma chérie. Je m'occupe de tout.

Deux bougies à la cire agrémentée de fleurs séchées trônent au centre de la table, entre deux assiettes de bambou. Mes yeux papillonnent et raflent tout sur leur passage. J'ajoute une liste à mon agenda :

Un érable du Japon
Trois palmiers
Sur le balcon d'en face, trois pots de fleurs sans fleurs
Un pick-up bordeaux à l'aile droite emboutie
Un elfe sculpté dans un bois non identifié
Poteaux jaunes
Poubelles bleues
Les antennes de télévision

56

Une blonde au teint de carotte passe à vélo sur Carroll Canal, l'air perdu, elle doit réaliser que les canaux de Venice ne sont pas le meilleur endroit du monde pour les bicyclettes. Elle est suivie d'un trio de jeunes types à sacs à dos qui cherchent un endroit où passer la nuit ; prendre à gauche à cent mètres, leur indique le GPS de leur smartphone, dont le volume est trop fort. Ils ont l'air seuls au monde, seuls au bout du monde, en débardeur, la sueur au front, le cou sur ressort ; des oiseaux qui ne savent plus voler et cherchent un nid à squatter. Les canaux de Venice me font chier. C'est tellement beau. L'un des plus beaux endroits qui soient. Où ne vivent que des privilégiés dans des baraques à six millions.

— Et moi qui pensais ne pas te revoir avant Noël.

— Surprise.

— Tu restes longtemps ?

— Trois jours, mettons.

— Une semaine, c'est bien. Je te rappelle que les gens sont effrayants, certes, mais la plage est charitable.

— Ça dépendra de ce qu'on se dit, toi et moi.

— Comment ça ?

— Rien.

On entend la rumeur de l'océan qui monte de l'autre côté des maisons. Des voix éclatent ici et là, dans le noir pollué de filaments orange. Suzanne a augmenté son boléro noir d'un gilet de laine blanc, à grosses mailles. Elle boit une Augsburger, sa peau luit. Je pense à John, à ce que dirait John s'il nous voyait ici toutes les deux, entre ces deux pauvres cactus aux cladodes saturés de flotte. On ne se dit pas grand-chose, Suzanne et moi. On bâfre les rouleaux de printemps, les chicken wings et les churros au chocolat. Les churros, c'est bien la première fois. Ma mère s'en délecte comme une enfant, se plaint d'avoir du chocolat partout sur la gueule, ce qui n'est pas faux. Elle cherche à donner à la soirée un air de fête, j'imagine. Elle s'essuie la bouche avec un morceau d'essuie-tout, allume une de ses fines clopes au menthol d'un autre temps, tire dessus trois fois de suite. Je regarde ses mains aux ongles rose et gris. Elles sont encore belles. Des vagues de citronnelle et d'eucalyptus crispent mon visage ; ce n'est pas son parfum, mais l'odeur durable du Bedford où les huiles essentielles ont imprégné les fauteuils de cuir craquelé, les meubles antiques, le lit où tout à l'heure je m'endormirai près d'elle, en me demandant pourquoi cette femme est ma mère, pourquoi elle plutôt qu'une autre. Je lui parle des formalités post-incinération, de kayak et de féminicides. Je reviens même sur cette audition ridicule pour Netflix. Je ne trouve pas la force de tout faire éclater. Suzanne, elle, virevolte et contourne, habilement naïve. Sur le palier arrière du van, dont les sédiments – tôle, plastique, caoutchouc, bois – sont apparents, Suzanne pose une enceinte Bluetooth. Je crains le pire. Pitié, Suzanne. Pas ça. Pas l'*Hannya Shingyo*. Pas là, pas maintenant.

— Je vais nous mettre un petit quelque chose pour nous apaiser. L'*Hannya Shingyo*, le *Sūtra du Cœur*. Une merveille, écoute.

À chaque fois, elle fait le coup. Ma mère souffre d'un Alzheimer ciblé. Elle oublie que je me cogne ce truc à chaque putain de visite. L'*Hannya Shingyo*. C'est bien lui, je reconnais son petit air vicieux de méditation zen de supermarché. Sur le trottoir, devant chez Harper et Daniel qui sont à Chicago. À dix heures du soir. Entre les cactus.

— Ça dit que tout être est vide. Que toute chose est vide. Rien n'est fixe, tout est interdépendant. Là, tu l'entends dans sa forme *kanbun*.

— Ah oui. C'est intéressant, cette forme *kanbun*.

— *Kanbun*. C'est un mélange de sanskrit et de chinois classique.

— Hm.

— Tu aimes ?

— Oh oui.

— Ça te détend ?

— C'est à se taper la tête sur le bitume.

— Jodie.

— Je n'ai jamais été très branchée chinois classique.

— Il y a un centre zen, près du Mount Tamalpais. J'ai très envie d'aller y faire une retraite. Peut-être cet été.

— Pourquoi pas ?

— C'était pas mauvais, si ?

— Quoi ?

— Ce qu'on a mangé.

— C'était très bon.

— Ah, tu vois. Et puis la température est idéale. La journée, il fait trop chaud, mais là c'est un peu mieux, je veux dire, compte tenu du fait que tout empire, on apprécie, non ? Je suis contente. Que tu sois là.

— Quelle heure est-il ?

Elle se penche pour regarder par la vitre du van, en plissant les yeux, l'horloge au cadran d'aluminium, rivée dans la porte du placard qui sert de salle de bains.

— Il est tôt.

— On va se coucher ?

— Déjà ?

— Je suis claquée, Maman.

— Alan Watts est mort là-bas, tu sais.

— Où ça ?

— À Druid Heights, dans sa communauté. Près du Mount Tamalpais. J'y ai beaucoup pensé, l'autre jour à Veneta, quand on a incinéré ton père.

— Pourquoi ?

— Watts dit qu'il ne faut pas stocker les morts dans des cimetières. On pourrait faire comme les autres animaux et laisser nos morts se dégrader à l'air libre.

— Bien sûr.

— Comme n'importe quelle carcasse.

— T'aurais préféré que je jette le corps de Papa au bord d'une rivière et bon appétit les ours ? T'es spéciale, comme bonne femme.

— Qu'est-ce que tu comptes faire de ses cendres ?

— Les manger. À la petite cuillère.

— J'aimerais les récupérer.

— Non.

— Pardon ?

— J'ai dit non.

Elle fume en regardant le ciel de Venice. Un feu d'artifice retentit au loin ; il dure une trentaine de secondes, durant lesquelles on ne se dit rien. Quand elle finit d'exhaler sa fumée, Suzanne mord sa lèvre.

— Tout être est vide. Rien n'est fixe. Tout est interdépendant.

57

Ma mère est aux toilettes. Je l'entends chier, ce qui me rebute plus que tout. Elle le fait avec un naturel qui ne retire rien à ma gêne, au contraire. *Si tu savais combien d'hommes et de femmes m'ont vue pisser dans la rue ou sur la plage.* Elle pouffe et je n'ai d'autre choix, face à sa désinvolture exemplaire, qu'endurer ses longues séries de pets.

— Je peux mettre de la musique ?

— Fais comme chez toi.

Je connecte mon smartphone à l'enceinte Bluetooth, ça prend quelques instants dont ma mère profite pour parler seule aux toilettes, seule ou avec je ne sais quel escadron d'anges en escale sur Carroll Canal. Je lance *Freedom* de Beyoncé, avec Kendrick Lamar en featuring, un morceau que j'aime écouter quand j'ai envie de me pendre.

— C'est pas un peu fort, chérie ?

— Si si.

— Ah, c'est Beyoncé.

— Tu connais Beyoncé, toi ?

— J'ai une radio et du temps libre.

Je regarde la dizaine de cactées de la taille du poing, rangées sur une console de formica, les unes contre les autres, comme des livres de poche. Les fringues bigarrées sur le portant d'aluminium. L'empilement de casquettes Gavroche. Les deux cents livres lus et relus. Les bougies en grappe, près du lit. Les flacons d'huiles essentielles, rangées comme les cactées, dans l'habitacle exigu du Bedford.

— Pourquoi tu ne mets pas la radio ? La radio, la nuit, c'est comme inviter des inconnus chez toi sans courir le risque de te faire violer.

Je lance le direct de Kroq FM sur mon smartphone ; je reconnais la voix de Thom Yorke, mais pas le morceau. Je n'ai pas écouté Radiohead depuis longtemps. La chanson s'insinue dans les choses, comme un brouillard. C'est instantané. Si je touchais chacun des objets autour de moi, ils n'auraient peut-être plus la même texture, je trouverais une écume ou une poussière, peut-être les deux, sur mon index. La mélodie contamine mon regard. En une poignée de secondes, le piano, les cordes, la voix de Yorke fusionnent avec ma pensée, et la tristesse poisse mon cœur. Sur les dernières notes de la chanson, une voix féminine en donne le titre, *Glass Eyes*, elle indique qu'elle figure sur le nouvel album, sorti en mai dernier, qu'elle conseille à toutes ses auditrices, tous ses auditeurs. *Petits hiboux*. Elle les appelle comme ça : *mes petits hiboux*. Ma mère tire la chasse. Elle sort du minuscule cabinet. Ça sent. Normal.

— J'aère un peu.

Ma mère rouvre la porte latérale du van. Elle enfile un kimono noir à fleurs qu'elle a dû dégoter dans un bazar chinois. Quelqu'un passe, nonchalant, lorgnant les façades ; minuit vient, les gens flânent, les moustiques sont à la fête. À la radio, la fille aux hiboux parle de l'attentat d'Orlando et de son ami Bodhi, mort sous les balles d'Omar Mateen, comme les quarante-huit autres victimes du tireur du Pulse. *Bodhi est mort le 12 juin. Parce qu'il faisait la fête. Parce qu'il était gay. On a grandi dans la même rue, Bodhi et moi, je le connaissais depuis l'école primaire. Je lui dédie cette chanson de Christina Grimmie, morte à Orlando, la veille de l'attentat du Pulse, assassinée à bout portant par un fan obsessionnel, au moment où elle allait écrire :* With love, *sur son tee-shirt. C'est pour toi Bodhi, pour toi Christina et pour vous, mes petits hiboux.*

Ma mère s'est assise sur le lit. Elle a tiré un bouquin de l'étagère, au hasard. Elle est tombée sur *Amour monstre* de Katherine Dunn.

— Elle aussi, elle vient de mourir. Katherine. Elle était de Portland, tu sais ? Je l'ai connue. Ursula l'aimait beaucoup. Elle était boxeuse. J'aurais aimé être boxeuse. Ce livre est très marrant, c'est l'histoire d'une famille de forains qui jouit de pouvoirs surnaturels. Le passage sur le cheval aux sabots pourris, tu devrais lire ça. C'est très bon. Cancer du poumon, comme ton père. C'est une année de merde.

— L'année dernière aussi, c'était une année de merde.

— Et l'année d'avant ?

— Ils ont leur personnalité, ces cactus.

— J'ai donné un prénom à chacun, tu me connais. S'ils ne sentent pas qu'ils sont quelqu'un dans ta vie, ils perdent leurs aiguilles, c'est prouvé.

— Et tu les as appelés comment ?

— Ces quatre-là, c'est les Beatles. Lui, c'est Gloria Steinem. Allen Ginsberg. Liz Taylor. Krishna. Princesse Mononoké. Tu l'as vu, ce dessin animé ? Moi, j'ai adoré. Le rouge, c'est Great Balls of Fire. Et celui-là, c'est Jodie.

— Tu as donné mon prénom à un cactus ?

— C'est le plus beau de tous, tu remarqueras.

Il faut que j'aille chier à mon tour. Ce qui, je vous l'avoue, me pose un sérieux problème. Pas envie que Suzanne m'entende quand je détends mon sphincter, je connais ma mère, elle ne se contentera pas d'entendre, elle écoutera, elle m'écoutera pousser et ne se privera pas de commenter ma digestion. Je vais faire couler l'eau du robinet pour couvrir les bruits. Oh ça va, on fait tous ça. Et ma mère me dira, l'oreille plaquée à la porte des toilettes : *Jodie, pourquoi tu fais couler cette flotte pendant que tu chies ? Je t'ai faite, Jodie. Je t'ai faite.*

58

Et maintenant, mes petits hiboux, parce que toutes les nuits ont besoin de bateaux de sauvetage et de bijoux en sang, l'une des plus belles chansons de tous les temps, la reprise de Suzanne *de Leonard Cohen par Micah P. Hinson, sur l'album* All Dressed Up and Smelling of Strangers. *C'est pour Chrissie, qui nous a écrit une superbe lettre au sujet de sa reconversion récente. Chrissie, mon petit hibou, ne vous enfuyez plus.*

Je sors des chiottes à la hâte ; quand j'ouvre la porte, on entend encore la chasse déverser ses litres de flotte. Ma mère est debout devant l'évier. Elle tient dans sa main l'une des assiettes de bambou dans lesquelles on a mangé. Le robinet coule. L'éponge est tombée sur le sol du Bedford, lestée du liquide vaisselle que ma mère fabrique elle-même. Elle est pétrifiée. On dirait qu'un Indien Tongva embusqué lui a décoché une flèche en pleine poitrine.

— Tu veux que je coupe la radio ?

— Non, mais non.

— Ça va ?

— Je ne connais pas cette version. Tu la connais, toi ?

— C'est sorti il y a quelques années.

— Tu les connais toutes ?

— Il y a dans les deux cents reprises, Maman. Non, je ne les connais pas toutes. Quelques-unes.

Elle cherche un appui sur la table de formica où elle fait tout, quand elle est seule, mais en voulant éviter de piétiner l'éponge au sol, elle se plante une longue aiguille de Princesse Mononoké dans la main gauche. Elle saigne, porte la main à sa bouche, ne se plaint pas, baisse la tête, dodeline, soupire.

— Je ne sais plus ce que je ressens quand je l'écoute. Je ne sais vraiment plus.

— Éteins, je te dis.

— C'est une belle reprise. Parce qu'il y a vraiment des merdes. Redonne-moi le nom du chanteur.

— Micah P. Hinson. Il est texan.

— Deux cents reprises, tu dis ?

— À peu près.

— Il est très malade, tu sais.

— Je sais.

— Je ne voudrais pas perdre les deux d'un coup.

— Tu as des nouvelles ?

— J'ai lu des choses, comme tout le monde.

— Comme moi.

— Souvent, je vois un edelweiss fleurir dans mes rêves. Il s'ouvre en accéléré, comme à la fin de ce spectacle de Pina Bausch que j'ai vu avec John à New York. John avait trouvé ça sentimentaliste. Moi, seulement sentimental, et c'était la meilleure critique que je pouvais faire à un spectacle de danse contemporaine. Je donnerais cher pour que John me redise que je ne sais pas parler d'art.

— Il m'a tout dit, Maman.

— Quoi ?

— John m'a tout dit. Quelques jours avant de mourir.

— Tout dit à propos de quoi ?

— De toi. De lui. De Billy.
— Non.
— Mais si.
— Non. Non. Mais non.

Elle s'assoit sur le bord du lit, se balance d'avant en arrière en répétant : *Non, non, non*. Elle prend son visage entre ses mains. Quand elle les retire, elle a une marque rouge sur la tempe.

And you want to travel with her, and you want to travel blind
And then you know that you can trust her
For she's touched your perfect body with her mind

— J'étais venue pour la guerre. J'étais venue pour te faire payer, que tu meures de honte à mes pieds, de m'avoir menti et abandonnée. J'ai projeté la scène où tu implores ma pitié et où je te tourne le dos pour le restant de tes jours. Et puis, je me suis assise en face de toi, là, dehors. J'avais encore la nuque mouillée et tu étais trop maquillée. On a mangé les rouleaux de printemps, les chicken wings, les churros, un bon repas œcuménique composé Dieu sait comment. Et puis, je t'ai écoutée me parler de tes trucs, en bataillant pour bien tout frôler, tout survoler. J'étais venue pour te dire à quel point tu me fais souffrir mais peu importe. J'aimerais t'en vouloir, t'en vouloir à mort, être capable de beaucoup de haine, tu vois. Mais je n'y arrive pas, Maman. L'intimité nous trompe.
— L'intimité, c'est un choix, Jodie. Pas la haine. Tu n'éprouves peut-être pas de haine envers moi, mais de la condescendance, ça oui.
— De la condescendance ?

— Une forme de dédain, un mépris. Je fais comme si ça ne me blessait pas. Mais tu es la personne la plus importante à mes yeux, Jodie. La plus précieuse. Alors ça me. Oui, ça me fait quelque chose.

— Je ne le fais pas exprès.

— C'est pire. Je fais de mon mieux pour être celle que je crois être. Quand on se rapproche de soi, quand on est au plus près, ce qu'on découvre, c'est que la liberté est une folie. C'est une folie de vouloir la liberté. C'est ce que Leonard a voulu dire, je crois, quand il a écrit : *à moitié folle*. À vingt ans, j'étais déjà à moitié folle, parce que je refusais qu'on m'assigne, qu'on m'enferme, qu'on me dise ce que je devais faire. Et j'étais une femme, Jodie. J'étais une femme dans un monde où les hommes pesaient sur tous nos choix.

Elle coupe la radio. *Suzanne* repart en obséder d'autres que nous, dans d'autres villes, d'autres déserts, à travers le monde, sur d'autres ondes. Ma mère ramasse l'éponge, finit de laver la vaisselle, l'essuie, la range, en scrutant les ombres par la fenêtre oscillo-battante du van.

— Je n'ai pas toujours été à la hauteur. Notre génération. On a commis des erreurs, ma fille. Mais je ne connais aucune génération qui n'ait été un poids pour celle qui la suivait. Quand tu arrives sur terre, la planche est savonnée.

59

La nuit est d'une douceur bizarre, malgré la densité de l'air. On se couche l'une contre l'autre, comme dans une cabine de bateau. Suzanne adore l'instant où l'on va s'endormir, les quelques secondes qui précèdent, elle dit que c'est comme larguer les amarres, partir vers le sud. Elle s'endort avant moi. Son sommeil est silencieux. Juste un souffle, à peine audible. Je me demande à qui va sa dernière pensée, quand elle ferme les yeux. À John ? Billy ? Quelqu'un d'autre ? Est-ce qu'elle pense à elle-même ? Une autre version d'elle-même, ailleurs dans le temps ? Est-ce que c'est à moi qu'elle pense et que se dit-elle alors ? Quand elle me voit, les yeux fermés. Que pense-t-elle de moi ?

J'entends la rumeur du dehors ; la fenêtre la filtre. Encore des voix, dans les baraques alentour. La nappe océanique constante est à peine perceptible. Le chuintement de nos corps sur le drap de coton prend le dessus. Je me sens l'actrice d'un film tourné à l'improviste, caméra à l'épaule, sans scénario. Une nuit à Venice Beach, près des canaux vieux d'un siècle. Une fille et sa mère, dans le même lit, et puis pour la suite, on fait ce qu'on peut, on se fie à l'instinct.

Je m'attendais à un affrontement, j'étais venue poser mon scandale à ses pieds, et me voilà blottie contre

Suzanne, comme une gamine qui aurait cousu le prénom de Maman sur le revers de sa robe, pour se porter bonheur. Je la regarde. Avec ses soixante-douze ans et sa beauté, toujours. Elle qui mène cette vie de biais, cette excentricité sans calcul, cette volonté sauvage de liberté, dont les rues se vident, à mesure qu'elles se peuplent de poseurs et de convoiteurs. Chez ma mère, je n'ai jamais perçu aucun désir de grandeur matérielle, ni constaté aucune envie coûteuse. Sans morgue, elle affiche une répugnance pour le luxe des riches. Elle s'est dépouillée par choix, elle voulait échapper aux exhortations à réussir, intimes ou sociales. Mais les distinguer ne veut rien dire, mon intimité est une donnée sociale et la société tout entière squatte mon espace intime et l'hypnotise. Suzanne a toujours réfuté l'imagerie des bien mis, des qui ont les moyens, des qui savent de quoi leur journée sera faite, des qui s'en sortiront toujours. Peut-être pour échouer dans une autre série de clichés, mais les images sont comme le pollen ; on s'en protège en vain.

Ma mère n'a jamais rêvé de devenir riche. Moi non plus. J'ai bien pratiqué le rêve américain. Je le pratique encore tous les jours. C'est un sport collectif qui reste assez en vue, avec pas mal de licenciés à travers le monde. Je crois que le fin fond de ce rêve, ce qu'il y a au fond du pot de miel, c'est le dépouillement. Qu'on soit bien d'accord, mes petits hiboux, je ne vais pas déclarer ma flamme à tous les pauvres de ce pays, je n'en ai rien à foutre, chacun sa merde. Et je sais bien que le rêve américain hiérarchise les chances et s'en cogne ; je sais que c'est un communisme de la prospérité privée, de l'abondance des uns *contre* les autres, et que sur le carreau, il y a plus de monde qu'au Four Seasons. Mais je crois que la fortune matérielle est une étape dans la vie d'une femme ou d'un homme. Les riches intelligents le savent, ils n'osent s'en vanter, n'en ont que rarement le courage, mais trouvent parfois des formules, comme Picasso qui disait : *Je veux vivre comme un pauvre qui a beaucoup d'argent.* Les riches intelligents comprennent ce dont les pauvres intelligents ont la connaissance : la perte est un salut et la pauvreté, une île.

Le rêve américain, tel qu'on nous le vend, ce n'est pas le fin fond du rêve, mais une escale vers autre chose. Vers quoi ? *Vers le sud*, dirait Suzanne. Un Sud, où l'on vit de peu, où l'on devine que derrière les carrosseries lustrées et les façades de granit, derrière le business et les marchés rapides, derrière les petits et les grands luxes, le désir nous hante. Désir d'espace, désir d'amour, désir de lumière, désir d'une lanterne dans la nuit, d'un bol de soupe, de bras ouverts, d'un astre aperçu à la va-vite, d'un prodige gratuit.

Pour les riches cons, bien sûr, la cause est perdue. Et ils sont majoritaires, je sais. Les riches cons sont la lie de l'humanité, il faudrait les donner à bouffer aux pauvres cons qui sont prêts à tuer père et mère pour une montre.

Moi, je n'ai besoin de presque rien. Moi, je m'en tiens à ce que j'ai et ce que j'ai, est-ce déjà trop ? Est-ce que je pourrais vivre comme ma mère, dans une surface habitable de cinq mètres carrés ? Avec deux cents livres, une vingtaine de fringues, un évier riquiqui. Vivre comme elle, de services rendus. Elle dit ça, Suzanne, que pour vivre, elle rend service. Une bougie, un massage, un soin de fée. Je l'admire peut-être plus que je le pense. Je l'admire quand elle dort. Je la regarde à l'instant : elle doit survoler le golfe de Californie, au large du Mexique, à hauteur de Culiacán ou Mazatlán, toujours en direction du sud, et elle n'émet aucun son, comme un grand oiseau bat rarement des ailes durant son vol et se laisse porter par les courants. Je me vois : une fille cucul qui regarde sa vieille mère en train de pioncer, sa vieille mythomane, fourbe et narcissique de mère. Je m'en fous. Mes terres sont arides, elle a trahi chacun des arbres qui a réalisé l'exploit d'y pousser, mais c'est une femme qui essaie d'être libre. Et je la regarde souvent avec condescendance, c'est vrai. Est-ce que je le regrette ? Oui. À l'instant de m'endormir enfin, je le regrette et je me dis qu'elle a raison : il faut se dépouiller.

Je n'irai pas à Ludlow. Je n'irai pas voir Billy Diabilis. Je n'ai rien à dire à un père qui n'a jamais été le mien. Mon père, c'est deux kilos de cendres.

60

Le lendemain matin, on se lève après neuf heures, en sueur l'une comme l'autre. Un oiseau pépie tout près du Bedford. On ouvre la porte latérale, un riverain passe à cet instant, un sac de fruits et légumes au bout du bras, il salue ma mère d'un coup de menton. Suzanne dit :

— Celui-là, il ne peut pas me blairer. C'est un copain de Harper. Copain, mettons. Elle s'était mis en tête de le photographier, tu sais que Harper prend des photos incroyables. C'est vrai qu'il est beau en photo. Y a des gens comme ça, dans la vie, c'est des pots de sauce barbecue et en photo, c'est Brando. Il dit bonjour avec le menton, je déteste les gens qui disent bonjour avec le menton, le menton ne sert pas à dire bonjour. Il sert à, à, je ne sais pas, il sert à finir le visage, c'est tout. C'est un ancien SEAL. Monsieur a fait des missions en zones sensibles dans les années 1980. Parce que monsieur connaît sa guerre froide sur le bout des doigts, monsieur se croit tout permis. Il a dit à Harper que les gens comme moi, leur but c'était de payer le moins de taxes possible. Il est né dans le Dakota du Nord, au milieu des Badlands. Son poète favori, c'est John Wayne. Prendre sa retraite ici, quelle idée.

Quand ma mère parle d'un homme de cette manière, c'est qu'elle le juge séduisant. À chaque fois qu'elle a rhabillé un mec pour l'hiver, ça a fini en amourette. Elle n'envisage plus la compagnie d'un mec au long cours. Le roman tourne court. Quand elle prend la peine de s'inventer une histoire d'amour, Suzanne s'assume nouvelliste. Ma mère avec un ancien SEAL. Deux Amérique au lit.

Après une douche ultra rapide, on enfile deux fringues à la va-vite, l'une près de l'autre, en se moquant des passants, puis on prend un thé silencieux, assises à la table du van. Nos regards ne s'évitent pas, au contraire ; ils se cherchent et s'acceptent. Je lis de l'étonnement dans celui de ma mère, quand elle voit mon calme. Je suis la fille qui a bien dormi avec sa Maman, je suis la fille qui, après avoir pensé à foutre sa Maman dans un congélateur, lui a fait un gros câlin. Et sa Maman est toute contente d'avoir évité la glace.

Si je n'ai jamais remis en cause la légende de ce père électricien, versatile et brutal, ce William Diabilis mandaté par les démons de l'enfer, c'est parce que j'étais prête à défendre Suzanne plutôt que lui, prête à la créditer, elle, plus que lui, j'étais prête à la protéger, parce qu'elle était une femme avant d'être ma mère, quelqu'un de mon espèce. Peut-être que toutes les versions de moi-même ne reconnaissent pas les hommes comme des gens de leur espèce ? Petite fille, les petites filles étaient de mon espèce, pas les garçons, c'étaient d'autres bêtes, avec leur zizi bizarre et leur ballon trop dur. À l'adolescence, les filles de mon âge étaient de ma chair et de mon sang, liguées contre les garçons, ces bourrins qui nous feraient souffrir par jeu. Et maintenant quoi ? Maintenant, je sais pourquoi je suis une bombe aérosol de sensualité superflue. Je sais pourquoi je n'ai pas envie de partager mes habitudes avec un homme plutôt qu'un autre. Avec un homme plutôt qu'avec un perroquet ou un orang-outan. Il faut cesser de croire que nous sommes de la même espèce, les femmes et les hommes, en concertation, en attente, en concurrence, en compétition au sein de la même espèce. On ferait le deuil de l'humanité, on se porterait mieux. L'humanité, cette idée lourde. On serait des hommes et des femmes, comme on est des buffles et des guépards, des zèbres et des girafes. Et je désirerais un homme comme je désirerais un animal d'une autre espèce, je n'irais pas vers lui pour me reproduire, mais pour le pur plaisir de vérifier que je suis bel et bien une bombe de sensualité. Comme je le vérifierais auprès du perroquet ou de l'orang-outan. On réglerait le problème de la surpopulation. Et avec un peu de bonne volonté, à force de coucher avec des perroquets, et avec un petit renfort scientifique, on finirait bien par enfanter de nouveaux oiseaux et repeupler le ciel. Je remarque que quand je passe une bonne nuit, quand je dors bien, sans somnis, mon esprit matinal fomente mieux les mondes que je préside ; la paix y règne et je suis enfin reconnue à ma juste valeur.

Pendant qu'on prépare un kombucha au thé noir, je reçois un coup de fil d'Abigail pour une audition.

— Jodie chérie, amour de ma vie, j'imagine que tu vois qui est Marisa Marlowe, tout le monde voit qui est Marisa, eh bien figure-toi que Marisa Marlowe cherche une actrice pour son prochain show. C'est un projet suicidaire et génial, j'ai dit ce que j'en pensais à Marisa, *c'est suicidaire, Marisa*, je lui ai dit, mais que veux-tu, elle se prend pour Bob Wilson.

— Excuse-moi, Abigail. Ce projet, il est suicidaire ou il est génial ?

— Jodie chérie, voyons, je ne vais pas t'expliquer la vie, tu sais quand même que tous les projets qui se sont révélés géniaux étaient des projets suicidaires, non ? Toi tu voudrais accéder au génie sans risquer de passer par la fenêtre ?

— C'est quelle pièce ?

— C'est une adaptation de *Wakefield* de Hawthorne. Tu connais ce texte ?

— Non.

— C'est à la fois super daté et super actuel, tu verras. Un film va sortir en septembre au festival de Telluride. Avec Bryan Cranston et Jenny Garner. C'est un mauvais film. Marisa l'a vu et elle a dit : *C'est mauvais*, mais l'idée est forte. Marisa a quelque chose à dire avec ce *Wakefield*, quand elle t'en parle tu sens qu'elle a besoin de raconter cette histoire. J'ai pensé que tu serais parfaite, quoiqu'un peu jeune, pour jouer la femme de Wakefield. Je ne sais pas pourquoi, je sens que c'est pour toi, alors qu'il y a des milliers d'autres actrices. Mais tu as ce côté Greta Gerwig en beaucoup moins chère, tu vois. C'est pour l'automne à l'Alberta Abbey. Ils ont une annulation. Marisa n'a peur de rien. Tu serais libre en octobre ?

— Libre.

— Ton partenaire potentiel n'est pas choisi non plus, mais Marisa pense beaucoup à Matthew Lee. Elle veut créer du trouble et Matthew est parfait pour le trouble. Je t'envoie le texte. C'est Christopher Chen qui a fait l'adaptation. Du solide. Apprends-moi ça rubis sur l'ongle et présente-toi lundi à l'adresse que je t'envoie. Marisa sera là. Elle sera là, Jodie.

61

Le frigo de Suzanne ne contient que des rogatons sous aluminium. Je remarque qu'elle remue souvent les doigts sur le clavier d'un piano imaginaire. Elle me dit qu'ils lui font mal ; le matin, elle en souffre, mais dans la journée, elle s'y fait. Le kombucha au frais et les rideaux tirés, on va marcher sur l'Ocean Front Walk. Les corps luisants de Muscle Beach s'affairent déjà sur les agrès chauffés par le soleil. Des sculpteurs centrés sur eux-mêmes, fiers d'être contemplés pour ce qu'ils sont : des lignes, un volume, une œuvre cinétique éphémère. On marche jusqu'aux garde-corps métalliques du Ballona Lagoon Bridge, en parlant peu, en regardant les gens sur Venice, le matin : des noceurs rincés dont le visage a fondu pendant la nuit, des hordes de joggeurs et de cyclistes inusables, des skateurs solitaires ou en bande, des marchands de fringues ethniques ou de bijoux de pacotille, un violoniste aux oreilles brûlées, une graffeuse dont ma mère connaît le prénom, Jules, elle la salue d'un hug appuyé, *ça va, Jules ?* Suzanne me dit que c'est une figure de Venice, qu'ici Jules est une star et que la plupart des murs portent son empreinte.

— Je vais devoir repartir plus tôt que prévu, Maman.

— Ah bon ?

— J'ai une audition.

— Pour le théâtre ?

— Oui.

— Alors c'est bien. Moi, j'aime venir te voir sur scène. C'est trop rare. Sur scène, tu es phénoménale, Jodie.

— Ah bon ?

— Mais oui, phénoménale.

J'achète l'e-book de *Wakefield*. Je lis la nouvelle de Nathaniel Hawthorne sur la plage, pendant que ma mère se masse les pieds en regardant l'horizon. De temps en temps, je sens le regard de Suzanne se poser sur moi ; il y a de la tendresse dans sa manière de me regarder, de la tendresse pour ma personne et pour la sainte intimité qui a scellé la nuit. J'ai pu en douter, douter de la tendresse de ma mère, douter de sa capacité à éprouver de la tendresse et à l'inscrire dans le temps, envers et contre tout. Elle m'aime, mettons, malgré le chaos qu'elle m'a laissé en guise de dot : *Tiens, ma fille, prends, c'est ta vie*. J'ai l'impression qu'elle m'aime *enfin*. Nos masques à terre, sans John entre nous, avec Billy au loin. L'air océanique perle sur les grandes palmes des arbres qui nous écoutent. Suzanne me regarde et me sourit. Elle a ce sourire impénétrable qui la rend irréelle.

— Maintenant, la beauté est à toi, ma fille.

— Si tu le dis.

— Tu es belle, Jodie.

— Et alors ?

La plage est un cimetière et un supermarché. On y trouve tout, enterré sous nos pieds nus. J'hésite à ajouter *le dollar de Jodie* aux récits de marins, aux nuits passées dans les cordes d'une guitare, aux ruptures de septembre, aux objets perdus, à ces narrations enfouies qui palpitent encore. *Le dollar de Jodie*, sur lequel je bute en pensée ; c'est moins une histoire qu'un motif, une énigme qui sous-tend un récit dont j'ignore tout.

— Et tu ne penses pas faire un enfant un de ces jours ?

— Quoi ?

— Un enfant. Un gosse.

— Avec qui ?

— Avec qui tu veux, ma fille, si possible un gars pas trop bas de plafond avec des yeux verts. Et si tu as un enfant, quel que soit son sexe, appelle-le Tanka. C'est beau, Tanka. Tu sais ce que c'est un tanka ?

— Un truc de kung-fu ?

— C'est un poème. Un poème japonais composé de trente et une syllabes. Sans rimes. Le tanka est l'ancêtre du haïku, mais je connais déjà un petit garçon qui s'appelle Haïku, alors ça me ferait bizarre, mais Tanka, c'est super.

— Tu connais un petit garçon qui s'appelle Haïku ?

— Tu adorerais ses parents. Ce sont de grands connaisseurs de musique klezmer et d'huiles essentielles. Tu sais que la pratique du tanka était la chasse gardée de la cour impériale de Heian ; si tu étais de rang inférieur et que tu t'avisais d'écrire un tanka, tu étais condamnée à mort.

— Super.

— Tanka Casterman. C'est beau pour une fille comme pour un garçon. Que cet enfant sache qu'on peut mourir pour un poème.

— *Le dollar de Jodie,* Maman. *Le dollar de Jodie.* Est-ce que ?

Je n'ai pas le temps de finir ma question. Suzanne éclate en sanglots, prend sa bouche dans sa main pour l'enfermer dedans et étouffer le cri qui essaie d'en sortir.

Contre son gré, sa gorge émet un râle aigu, celui d'un bébé attaqué dans son berceau par des fourmis rouges. Je me redresse, tends une main vers elle. Elle l'agrippe et la serre, à me faire mal.

62

Dans la nouvelle de Hawthorne, Wakefield est un homme apathique, paresseux, qui ne médite sur rien. Un esprit calme, un caractère indéfinissable.

Un soir, il décide d'emprunter une diligence et de partir en voyage. Il quitte la maison qu'il occupe avec sa femme, à laquelle il est marié depuis dix ans. Sans rien lui dire de sa destination, il promet qu'il sera absent quelques jours seulement. Quand il part, Wakefield porte une grande redingote de drap gris, un chapeau de toile cirée et des bottes. Il serre la main de sa femme, y dépose un baiser las. On est en octobre, au crépuscule, Wakefield emporte un parapluie et sourit avant de s'éloigner. C'est un sourire stéréotypé, froid et railleur.

En réalité, Wakefield part pour vingt ans, mais il ne le sait pas encore. Vingt ans qu'il passe de l'autre côté de la rue où vit sa femme, qu'il observe par une fenêtre, sans trouver la force de la rejoindre et de reprendre le cours de sa vie auprès d'elle. Vingt ans de solitude, à l'écart du monde qu'il avait bâti, avant qu'enfin, sans que cela produise un effet notable, il se décide à rentrer chez lui. Et ce n'est un événement pour personne. Il rentre, c'est tout et ce n'est rien.

Le soir, sur le parking de Harper et Daniel, à la lumière d'une bougie, je résume à Suzanne l'intrigue de *Wakefield*. Elle écoute en faisant jouer ses maxillaires. On mange une omelette à la féta et des sardines en boîte. Un rogaton de cheddar vintage super dur.

— Tu en parles très bien. Je sens qu'elle est pour toi, cette audition.

— C'était scolaire. Faudra que je me détende, que je m'approprie tout ça, sinon oublie.

— La vie est une suite d'apparitions et de disparitions, c'est dommage qu'on ne sache pas rester à l'intérieur du temps.

— C'est où, à l'intérieur du temps ?

— Si tu n'es qu'au passé, tu es à l'extérieur du temps. Si tu n'es qu'au présent, tu es à l'extérieur du temps. Si tu ne penses qu'à demain, tu es à l'extérieur du temps.

— Ça veut dire que pour être à l'intérieur du temps, tu dois être dans les trois à la fois ?

— C'est ça.

— Le passage que je préfère dans la nouvelle, c'est celui qui dit : *Parmi la confusion apparente de notre monde mystérieux, les individus sont si bien ajustés à un système, et les systèmes les uns aux autres, et le tout ensemble, que, en s'effaçant un court instant, un homme s'expose au risque terrible de perdre sa place à jamais.*

— Le problème, c'est que les héros existentiels ont tous été remplacés par des ironiques, ma chérie. N'en fais pas quelqu'un d'ironique, de cette femme. Elle ne s'est plainte ni de son départ, ni de son absence, ni de son retour. Elle ne s'est pas plainte : c'est ce mystère qu'on veut comprendre.

Un moustique me suce le sang et le recrache parce qu'il le trouve dégueulasse ; ça ne va pas m'empêcher de me gratter la cheville comme une damnée. Une libellule traverse le champ, pendant que le silence se dépose comme un voile de tissu très léger. Ma mère est belle dans la lumière du feu et de l'éclairage public un peu cheap.

Je rentre chez moi. J'ai trouvé un covoiturage de Los Angeles à Redding, puis de Redding à Portland. Je vais repasser une nuit au Motel 6. J'ai pris un coup de soleil débile et composé ce tanka pendant que ma mère massait un certain Victor dont les pieds déformés ressemblaient à du macramé.

La Démesure est un désert
Une ambassade éventée
Le frigo vide
Où j'ai aimé
Ma robe nue d'aluminium

63

Sitôt rentrée, j'ai nettoyé l'appartement en écoutant *You Want It Darker*. Je n'ai jamais vu l'aspirateur aussi peu enclin à faire son job d'aspirateur. En baladant sa trompe dans les recoins poussiéreux, je sentais qu'il rêvait de grands espaces et de silence pour y ruminer son passé, sa réalité, son devenir. Je reconnais à la voix de Leonard le pouvoir de pénétrer les choses inertes.

J'ai retrouvé les crabes farcis d'Andina et la chasse aux pourboires, avec mon filet à papillons artificiels. Les habitués relous, les businessmen relous, les familles reloues, les matchs Tinder relous, les nostalgiques de leur trip au Machu Picchu relous. Ça arrangeait Pablo que je sois de retour si tôt. Il me regarde avec une compassion excessive, me parle, dès qu'il en a l'occasion, du décès de son père en 2009, me dit qu'il ne s'en est jamais remis, qu'il y pense tous les jours, qu'il est heureux de partager ça avec moi, *même si un gérant ne devrait pas parler de ce genre de choses avec ses employés.* Je lui confie que je pense à John tous les jours, que je rêve de lui chaque nuit depuis sa mort et qu'il m'apparaît même quand je suis éveillée. Pablo me répond : *Mais oui, Jodie, mais oui, moi aussi je le vois, mon père, il s'assoit près de moi et il me dit qu'il veut revenir. Il me demande si je peux l'aider. Moi, je dis : Désolé, Papa, désolé, désolé, moi, je ne sais pas comment te faire revenir, Papa.*

Le voyage retour de Santa Monica à Portland a raidi mes cervicales ; la nuque me pèse. Empanadas à la viande pour la 17, yaca frita et humita pour la 9. Je n'ai pas les chiens avant le 15, mais je retrouve Felicity pour un cours de biologie. Elle tripote son smartphone toutes les trois secondes, m'avoue qu'elle est tombée amoureuse d'un certain Rashad qui, comme elle, est dingue de gorilles, elle me parle de Rashad et des gorilles d'Ouganda, pendant que j'essaie de glisser dans notre échange deux trois notions basiques sur les écosystèmes marins, pour me donner l'illusion que je mérite mes vingt-deux dollars.

Dollar. À chaque fois que j'entends le mot *dollar*, ce qui arrive mille fois par jour, puisque c'est le mot le plus prononcé d'Amérique avec le mot *dépression*, je ne peux m'empêcher d'ajouter : *de Jodie*. Tous les dollars sont devenus celui *de Jodie*. J'amasse une fortune, dans un métavers où mon double règne. Dans ce monde, je cherche l'étymologie du mot *dollar* sur le net. Dérive phonétique du mot allemand *thaler* ou *taler*. *Vallée*, en allemand.

64

Portland, 12 juillet 2016, bientôt minuit. Je m'accoude à la fenêtre et je vous regarde. Je reprends la place que je m'assigne au balcon du monde, à distance. Je pourrais revoir des amis, aller me faire draguer dans un bar, entre le jeu de fléchettes et le billard, je pourrais marcher sans but dans la nuit moderne, en espérant rentrer intacte me coucher sur mes somnifères, comme si c'était le corps d'Adam Driver, cette petite boîte cartonnée. Je pourrais vivre mille fêtes dans la nuit portlandaise, à vos côtés. Je préfère vous regarder et me dire que je ne m'en sors pas si mal. Pas si bien, mais pas si mal. Je relis mon tanka de Venice. Pas si bien, mais pas si mal. Me revient une phrase de Kerouac, tronquée dans ma mémoire, je crois que c'est dans *Sur la route*, un truc sur les fous, les dissidents. Je tape *fous dissidents Kerouac* sur Google et je la retrouve illico : *Les fous, les marginaux, les rebelles, les anticonformistes, les dissidents… tous ceux qui voient les choses différemment, qui ne respectent pas les règles. Vous pouvez les admirer ou les désapprouver, les glorifier ou les dénigrer. Mais vous ne pouvez pas les ignorer. Car ils changent les choses. Ils inventent, ils imaginent, ils explorent. Ils créent, ils inspirent. Ils font avancer l'humanité. Là où certains ne voient que folie, nous voyons du génie. Car seuls ceux qui sont assez fous pour penser qu'ils peuvent changer le monde y parviennent.* Je l'apprends par cœur. Ça ne changera rien : ma propre démesure, je ne l'ai pas comprise. J'en ai porté le deuil avant d'en faire mon enfant. C'est le premier mot de mon tanka. La Démesure. L'enfant est morte, j'aimerais qu'elle revive. Je voudrais qu'elle marche, cette audition. Vous viendrez ? Quand vous aurez fini d'errer dans ma nuit, comme moi dans la vôtre. Venez, je vous en prie.

J'appuie mon front contre la vitre. Je vous vois. Je vous regarde. Je vous écoute. Je pense à Mr Wakefield, qui a fait ça pendant vingt ans, si loin si près de la femme qu'il aimait. La radio passe *The Devil Is in the Details* des Boards of Canada. Kitchi Crowfoot adorait ce groupe. Kitchi, avec qui j'y ai cru un peu, pendant quelques mois. Que retenir de Kitchi ? Entomologiste amateur. Fasciné par les coccinelles à sept points. Il en conservait plus de cinq cents dans un bocal. Kitchi était d'origine amérindienne. Brillant, bavard, borné. Grand lecteur de SF. Il vénérait Philip K. Dick. Il m'a jetée comme un vieux scalp. Au fond du bocal, avec les coccinelles. À cause de lui, je n'ai jamais lu *SIVA*. Je vais fouiller le frigo. Sur le rayon du haut, je prends ce qui me tombe sous la main. Je retourne à la fenêtre. Je mange un yaourt au soja avec un morceau de pain de mie aux céréales, debout, pendant que la radio dévide sa playlist impeccable : Depeche Mode, Gravenhurst, Midlake, Angelo de Augustine. Un bout de la nuit passe, puis je prends un somni. Je me couche.

Je vois John. Il s'assoit au bord du lit. Je ferme les yeux. Il s'en va.

Puis revient.

65

Abigail m'a envoyé une page de l'adaptation que Christopher Chen a réalisée de la nouvelle de Hawthorne, accompagnée d'un message personnel à la Abigail, *Jodie chérie, si tu foires cette audition, je te coupe la bite.* J'ai appris la nouvelle par cœur, du premier au dernier mot. Je l'ai annotée. J'ai surligné mes passages favoris. J'ai lu d'autres nouvelles qui figurent parmi les *Contes racontés deux fois*, ainsi que *La Lettre écarlate*. J'ai effectué des recherches sur Hawthorne, le romantisme, le symbolisme. Je me suis projetée ; en répétitions, dans ma loge, en coulisses ou sur scène.

J'ai rendez-vous au Shoebox Theatre. J'y vais à pied. Je traverse la ville. Je répète mon texte en marchant. Je me demande quelles questions Marisa Marlowe me posera et si l'audition durera plus de dix minutes. Quand j'arrive, elle est seule. Sans Abigail, ni assistant. Seule. Il n'y a qu'elle et moi dans la salle décrépie du Shoebox. Son accueil est cordial. Suuuuuper chaleureux, donc cordial. Nous, Américains, avons besoin de traduire nos propres attitudes, de scanner nos comportements, de le faire pour nous-mêmes, afin qu'il n'y ait pas d'ambiguïté sur la réalité de nos sentiments, de nos désirs ou de nos pulsions, tout ce qui couve sous le rouge à lèvres excessif des conventions. Elle est wooooow, donc OK.

Elle me demande ce que j'ai pensé du texte, si je le connaissais, si j'ai aimé. Elle m'écoute, sans rien me dire de ses intentions. Ce qu'elle me dit, c'est que selon elle le sujet est super actuel, que *ça résonne à foooond avec aujourd'hui*.

Je passe le texte une fois. Elle me donne une indication, me demande de reprendre. J'ai le temps de dire trois phrases, avant qu'elle me redonne une autre indication. Me demande de reprendre. Je suis tendue. J'inspire, j'expire. Elle me propose un verre d'eau. Je bois une gorgée, pas plus. Elle me demande de la regarder, de reprendre en la regardant. Je la regarde. Elle précise : *Je voudrais que tu me regardes comme si tu étais debout à une fenêtre.* Je souris. C'est con, mais ça m'aide à lâcher toutes les tensions que je sentais dans mes épaules et le nœud dans mon ventre se distend. J'avance jusqu'à ma fenêtre. C'est ma fenêtre. Partout, elle me suit. Je ne bouge plus. C'est une fenêtre qui donne sur la nuit et, au théâtre, il ne fait jamais jour. La nuit est dedans, comme dehors. C'est chez moi, la nuit. Alors je reprends. Mon débit s'est ralenti. J'articule un peu moins. Marisa s'accroupit à deux mètres de moi. Elle me scrute. Je dévide quelques lignes de texte, les mots tombent de ma fenêtre, dans la nuit. Je commence à aimer être là, sous les yeux de Marisa. Elle m'interrompt, me propose de changer de posture. Je reprends, une main en appui contre un mur. Après quelques secondes, elle me demande de ralentir encore mon débit, en forçant mon articulation, mais sans lever la voix. Ses indications sont précises et fines. Elle dit qu'elle trouve ça intéressant, quand le texte est proféré comme dans l'agonie. Sa voix est douce. Elle me laisse aller au bout de la page choisie, sans m'arrêter. Une première fois. Nouvelles indications. Une deuxième. Indications. Une troisième.

Je reste sur scène une heure trente, avant qu'elle me prie de me rasseoir en face d'elle, de l'autre côté de la table où elle a pris quantité de notes. Je me sens vidée. J'adore ce texte. J'adore cette fille. Elle me dit qu'au départ, elle pensait faire jouer le rôle de Mr Wakefield à Matthew Lee, mais qu'elle préférerait que Mr Wakefield soit joué par une femme.

— Je vois. Qu'on inverse les rôles. Qu'Ulysse prenne la place de Pénélope. Que la femme parte et l'homme reste.

— Alors, non. Non non. Je vois deux femmes sur scène, je voudrais que ce soit deux femmes, l'une face à l'autre.

— On élimine l'homme.

— Voilà.

— Donc, une histoire d'amour entre deux femmes.

— C'est ça.

— Personnellement, Marisa, ça ne m'a jamais posé de problème d'éliminer les hommes.

Elle rit. Elle dit : *Très bien, très bien, géniaaaaal.* Puis elle me demande si la nudité me dérange.

— Celle des autres ou la mienne ?

— Est-ce que tu accepterais d'être nue sur scène, Jodie ?

— Nue ?

— Nue.

— Je ne demande que ça.

— C'est-à-dire ?

66

Je revois Evelyn. Ça faisait quoi ? Six ou sept mois que je n'avais pas vu Evelyn. Quand je la vois passer la porte du Twilight, je redresse aussitôt mon buste, dégage mes seins qui sont magnifiques dès lors que je me tiens un peu droite, merde, j'ajuste ma nuque et mon sourire aux siens, en les augmentant d'une souplesse, d'un swing.

Ce bar est une allégorie de la personnalité d'Evelyn Wilson-Brown. Les murs rouges, le sol poisseux, le flipper étincelant, le portrait noir et blanc de Lemmy Kilmister des Motörhead, les banquettes au cuir fissuré. Evelyn est la fille la plus rock'n'roll que j'aie jamais rencontrée. À l'âge de dix-neuf ans, Evelyn a réduit en cendres la maison d'un ami. Elle avait les narines pleines et une boîte d'allumettes à la main, elle jouait avec du feu à un jeu aussi dangereux que la roulette russe. Il y avait d'autres potes dans la maison. Personne n'est mort. Mais tout est parti en fumée, dans un grand rire cocaïné. Et c'est comme si le feu était entré en elle, comme s'il avait trouvé dans la personne d'Evelyn Wilson-Brown un lieu parfait pour le contenir. Evelyn a cinquante ans, trois gosses, quatre métiers et dix, onze mecs qu'elle fait tourner au bout de ses baguettes, comme des assiettes chinoises. Quand je regarde Evelyn, j'ai toujours l'impression que c'est en contre-plongée. C'est pour ça que je ne la vois pas souvent. Je l'admire, mais elle me tue.

— Je sais que ton daron est mort. Scuse-moi. Chuis pas venue.

— J'ai vu.

— Tu m'connais.

— Je ne t'attendais pas.

— Tu l'as remercié ?

— De quoi.

— Quand mon père est mort, moi ça m'a bien soulagée.

— On n'avait pas le même.

— Ça marche avec tous les pères.

— C'est chouette, cette couleur.

— C'est entre le jaune et l'orange. Genre paille. Mes cheveux commencent à tomber par mèches entières. La prochaine fois, je rase tout et je me tatoue le crâne. Cookie n'est pas d'accord, mais elle est dans sa phase d'accord avec rien. Cette gamine, je te jure Jodie, ça va devenir quelqu'un. D'un point de vue magique, je veux dire. Elle est plus puissante que moi. Elle voit déjà des trucs que je ne vois pas.

— Ah bon.

— L'attentat suicide à Bagdad il y a une dizaine de jours, tu sais, le camion de l'État islamique. Elle l'avait vu. J'adore ce bar.

— Ah bon, elle avait vu le –

— Trois cent quarante et un. Elle m'a dit : *Trois cent quarante et un, Maman.*

— Trois cent quarante et un ?

— C'est le nombre de victimes.

Je ne sais jamais quoi faire de l'ésotérisme. Les voyants, les mages, les sorcières, toute la clique. L'idée qu'existe une dimension tropicale qui échappe à notre perception de mortels englués dans les rouages de la machine sociale me séduit autant qu'elle me révulse. Evelyn le sait. Ça la fait marrer. Pour Evelyn, le réel est inacceptable ; elle le réfute bec et ongles. Tu la traites de complotiste, elle te rétorque que c'est le nouveau nom qu'on donne aux perplexes et que cogiter, ça n'a jamais fait de mal à personne. Elle lâche sur la table un sac de velours bleu. Elle tire sur le lacet qui le noue, et disperse sur la table une volée de galets noirs sur lesquels sont gravés des symboles rouges.

— Tu connais les runes ?

— Euh. Non.

— Ça vient des Vikings. À l'origine, c'est un système d'écriture alphabétique. Mais c'est de l'écriture sacrée. On l'appelle le futhark. Au total, il y a vingt-quatre caractères. Chaque rune a son propre nom, sa signification et sa correspondance phonétique. Tu sais qu'on écrivait des poèmes avec ça. Et on s'en servait aussi pour lire l'avenir. Je viens de faire une formation avec un type dinguissime. Un Français. Au lit, nul, mais un grand devin. C'est le dieu Odin qui a transmis les runes aux hommes. On va donc interroger le dieu Odin.

— Evelyn, je ne suis pas sûre que ce soit la peine de déranger Odin.

— T'as voulu me voir parce que t'es déboussolée, à la ramasse, en miettes et que t'as des décisions à prendre si tu ne veux pas te transformer en boîte de Zolpidem.

— Putain, comment tu sais que je prends des Zolpidem ?

— Tu connais une Américaine qui ne prend pas de Zolpidem ?

Elle tapote ma main, rigole un coup, remballe les runes dans le sac de velours bleu.

— Tu as une question précise à me poser ?

— Mettons.

— Quelle est la question ?

— Je viens de passer une audition. C'est pour le théâtre. Avec une fille super. Est-ce que je serai prise ?

— Je vais te demander de tirer trois runes. C'est le tirage des Nornes. Le plus basique. Tire trois runes et dispose-les devant toi.

— Voilà.

— Ouch.

— Quoi ?

— Je suis désolée, Jo. Les trois runes sont à l'envers. C'est un non catégorique, tu vois.

— C'est non ?

— Tu en aurais au moins une à l'endroit, on discuterait, mais là.

— Ah bon ?

— C'est non.

C'est con, mais ça me met un coup de bambou, ces trois runes à l'envers. Putain, je commence avec trois runes à l'envers, moi. Voilà. Bravo. Jodie Casterman, la spécialiste des runes à l'envers. Je regarde Evelyn et je sens bien que mon désarroi la touche, mais Evelyn Wilson-Brown n'est pas du genre à s'apitoyer. Un job, c'est un job, théâtre ou pas. *Bouge, ma chérie, autre question, allez.*

— Est-ce que ma vie va, est-ce qu'elle va, comment dire ça, est-ce qu'elle va changer, est-ce que des choses vont changer, est-ce que je vais changer ?

— Parce que tu veux changer ?

— Non.

— Tu veux changer ?

— Oui.

— Les questions importantes, on ne peut pas se contenter de les poser une seule fois, Jo. Tu vas piocher cinq runes. C'est le tirage de la croix d'Odin. Le tirage offrira une vision plus globale de ta vie.

— Tu me fais flipper.

— Dispose-les dans l'ordre de sortie, forme une croix en commençant par la gauche, dans le sens des aiguilles d'une montre, comme ça. Voilà. La première rune, c'est le cadre général de la question posée. La deuxième, les forces qui jouent contre toi. La troisième, les forces positives qui jouent en ta faveur. La quatrième rune, c'est ton évolution à court terme. La cinquième, ton futur à long terme. En gros. Alors, on a Hagalaz, Isa, Jera, ça c'est Berkano et voilà, voilà Wyrd, ah.

— Ça dit quoi ?

— Wow. Jo.

— Quoi ?

— Tu n'as tiré que des runes négatives.

— Sérieux ?

— Et tu finis sur Wyrd.

— C'est quoi, Wyrd ?

— C'est la vingt-cinquième rune du jeu. Elle est sans symbole, tu vois. Elle dit que l'avenir refuse de répondre.

— Comment ça ?

— L'avenir se réserve le droit de ne pas te répondre.

— C'est possible, ça ?

— Mais pour répondre à ta question : oui, quelque chose va changer.

Puis elle laisse les runes parler seules sur la table du Twilight, elle me regarde et je vois bien qu'une image soudaine passe dans ses yeux, un flash qui les paralyse. Elle murmure : *Oh Jodie, Jodie.*

— Quoi ?

— Je te vois.

— Tu me vois ?

— Je te vois faire l'amour.

— Hein ?

— Je te vois faire l'amour avec. Avec.

— Avec qui ?

— Je ne sais pas. C'est bizarre. C'est. Ce n'est pas humain.

67

Le lendemain de mon rendez-vous avec Evelyn, Abigail m'appelle pour me dire que je suis prise. Que je suis prise pour faire le spectacle. Je suis prise. C'est moi, moi, Jodie Casterman. Marisa m'a adorée. Elle a dit : *Cette nana me fait penser à Greta Gerwig dans* Frances Ha. *Marisa pense que tu es une grande actrice au potentiel encore inexploité.* Abigail me dit ça. *Tu es une grande actrice, Jodie, au potentiel inexploité. Tu es prise, Jodie chérie. C'est toi qui vas faire ce truc suicidaire et génial. C'est payé des clopinettes, mais c'est payé. Tu vas t'éclater, ma grande. Sois fière, tu l'as épatée, la Marlowe. Et elle a la dent dure.*

— Comment ça, je joue Mr Wakefield ?

— Elle veut que tu joues le personnage de l'homme qui s'en va.

— Je joue Mr Wakefield ?

— Le rôle principal, Jodie chérie. Oui, l'essentiel du texte est pour toi. L'autre, c'est bobonne à la cuisine qui fait du tricot pendant que son mari la lourde. D'ailleurs, c'est plus son mari, c'est sa femme.

Je raccroche et la première personne que j'ai envie d'appeler pour lui annoncer la nouvelle, c'est John. J'attendrai que son fantôme passe cette nuit dans la chambre et qu'il s'assoie sur le bord du lit comme il aime le faire. J'appelle Suzanne. Je lui dis que l'audition a marché. Je serai sur scène en novembre. Je vais jouer le rôle de Mr Wakefield. Ma mère est aux anges, elle répète qu'elle en était sûre, qu'elle le sentait, qu'elle le savait *et quand est-ce que tu reviens me voir, Jodie ? Depuis que tu es partie, tout est triste comme un crédit à la banque.* J'appelle Evelyn. Elle me dit que tous les dieux scandinaves sont réputés pour se tromper une fois. Elle regrette que ce soit tombé sur moi, mais tant mieux. Elle me prie de lui réserver le premier rang pour ses trois gosses et ses onze mecs. Marisa m'appelle. Elle dit sur mon compte des choses très douces à entendre. Elle croit que ce projet est le plus important de sa carrière. Elle me supplie de ne pas chercher à voir le film avec Cranston et Garner. Et puis elle a choisi ma partenaire de jeu. Ce sera Ayanna Berkshire. Je me couche et, sous ma couette, je pleure une bonne heure, la tête pleine de pommes écarlates et de pastèques. J'ai remarqué que les rares fois où dans ma vie j'ai pleuré de joie, j'avais la tête pleine de fruits sublimes.

La semaine qui suit, j'ai trois plans qui tombent : j'enregistre des podcasts pour OPB et des prières pour la radio chrétienne KBVM, je tourne un court métrage institutionnel pour une école de design basée à Salem. Je me dis qu'Evelyn a trafiqué un truc dans ses runes. Je retourne un soir au River Pig, prendre un verre avant de rentrer me coucher ; un type m'aborde en me demandant si je ne suis pas la copine d'Emma, je lui réplique que tout le monde a une copine qui s'appelle Emma, il se lance dans une drague d'une fermeté inouïe ; au début, ça me désarme, à la fin ça me dégoûte. Je parle souvent au téléphone avec Suzanne. Et puis aux gens dans la rue, quand je m'accoude à la fenêtre de l'appartement.

Faites ce que vous voulez. Aimez-vous à la va-vite, ignorez-vous, mentez-vous, jetez-vous dans le caniveau, shootez-vous, vantez-vous, dépréciez-vous, levez le poing, abdiquez, chantez en chœur pour vous consoler, planquez-vous au fond d'un bar ou d'une église pour pleurer. Est-ce que vous avez tiré la vingt-cinquième rune d'un alphabet qui en contient vingt-quatre, vous ? Je reçois l'adaptation de Christopher Chen. Je la trouve brillante. Je passe le reste de l'été entre les chiens à promener, les clients à servir et les rives de la Willamette où je relis une dizaine de livres tirés du stock de Columbia. C'est l'été 2016, un été de deuil et de renouveau. Je me sens super bien et super à chier. John passe, il s'assoit, il repart. Suzanne m'appelle plus souvent qu'avant. Elle me parle de ses clients hauts en couleur et de l'arthrose qui empire. En France, au Pakistan, en Turquie, il y a des attentats. Je n'oublie jamais qu'on est un pays en guerre. En Italie, un tremblement de terre fait dans les trois cents morts. Ici, Trump est bien parti, moi je dis. Des Jeux olympiques de Rio, les seules épreuves que je regarde sont celles où Simone Biles est en compétition. Quatre médailles d'or, une de bronze. Cette fille me fait vibrer.

Le texte de Mr Wakefield descend dans mes cellules. J'encode, je stocke, je récupère. Le premier jour de répétition est fixé au 3 octobre. Le planning est chaotique, il faut s'arranger avec les réalités de chacun.

68

Parmi la confusion apparente de notre monde mystérieux, les individus sont si bien ajustés à un système, et les systèmes les uns aux autres, et le tout ensemble, que, en s'effaçant un court instant, un homme s'expose au risque terrible de perdre sa place à jamais / Alors / *Parmi la confusion apparente de notre monde mystérieux* / Il est comment notre monde ? il est mystérieux / *monde mystérieux* / *Parmi la confusion apparente de notre monde mystérieux* / *Parmi la confusion apparente de notre monde mystérieux, les individus sont si bien ajustés à un système* / *si bien ajustés à un système* / *et les systèmes les uns aux autres* / *les individus sont si bien ajustés à un système, et les systèmes les uns aux autres, que, en s'effaçant un court instant* / *les individus sont si bien ajustés à un système, et les systèmes les uns aux autres, que, en s'effaçant un bref instant* / C'est bref ? / Non / Merde / C'est court / *un court instant* / *en s'effaçant un court instant* / *un court instant* / *un homme s'expose au risque affreux de perdre sa place à jamais* / *un homme s'expose au risque affreux de perdre sa place à jamais* / Merde, je le connaissais pourtant par cœur ce passage / Mais non / Mais c'est pas affreux, c'est terrible / *au risque terrible de perdre sa place* / *perdre sa place* / *à jamais* / Bon / Alors / On reprend / *Parmi la confusion* / *la confusion* / *apparente* / *la confusion apparente de notre monde mystérieux, les individus sont si bien ajustés à un système, et les systèmes les uns aux autres, et le tout ensemble, que, en s'effaçant un bref* / *court* / Merde / *court* / *en s'effaçant un court instant, un homme s'expose au risque terrible de perdre sa place à jamais* / *Parmi la confusion apparente de notre monde mystérieux, les individus sont si bien ajustés à un système, et les systèmes les uns aux autres, et le tout ensemble, que, en s'effaçant un court instant, un homme s'expose au risque terrible de perdre sa place à jamais* / Putain, Jodie c'est pourtant pas difficile. C'était ton passage préféré et maintenant tu butes.

69

Un jour, John m'a dit : *Quand tu ne sais pas à qui attribuer une citation sur la peinture, attribue-la par défaut à Pablo Picasso, ce mec a tout peint et tout dit, c'est pratique.* Picasso a dit : *On ne peint pas ce qu'on voit, on peint ce qu'on pense déjà savoir sur ce qu'on voit. Le tableau est déjà tout tracé, il n'y a plus qu'à épousseter la toile.* Comme le tableau appelle davantage une brosse qu'un pinceau pour se réaliser lui-même, les grandes décisions se prennent à notre insu ; elles sont des tableaux qui attendent d'être époussetés pour exister. Les grandes décisions ne nous appartiennent pas. Je vais le vérifier dans l'heure qui vient.

Pour peindre un tableau, le peintre n'identifie pas toutes les raisons qui lui imposent de le faire. Il ne collecte pas toutes les informations nécessaires à son exécution, ne passe pas trois plombes à se demander sous quelle tutelle il agit, qui influence son geste, quels experts consulter pour soutenir sa démarche. Le peintre n'anticipe pas les conséquences potentielles de son geste. Il ne pèse pas le pour et le contre pendant des jours et des nuits. Il ne génère pas mille options, ni ne les évalue. La plupart du temps, quand il passe à l'action, il fait autre chose. Il boit un café. Il ouvre un livre. Il va faire un tour dans les bois. Il ouvre un autre livre.

Il boit un autre café. Il voit un ami. Par distraction, il casse un verre et en observe longtemps les débris sur le sol. Il va assister à un match de football amateur dans un petit stade, aux abords de la ville. Il trouve intéressant le mouvement des couleurs sur le tapis vert et gris. Il écrit un poème sur le football. Il le jette. Il boit encore un café. Puis un thé, pour varier. Puis, un whisky sans glace, parce que merde. Il scrolle, se dit que le monde va mal et à quoi bon peindre. Il appelle sa mère, encore en vie. Il regarde une émission sur les monstres marins. Il écrit un poème sur les monstres marins. Il le jette. Il écoute son cœur de temps en temps, mais s'en méfie. Et puis, un matin, il se lève, va acheter un journal, prend le temps de le lire. Dans l'atelier, la toile appuyée contre un mur, son châssis vers l'extérieur. Le peintre s'en étonne. Des deux mains, il retourne la toile. Le tableau. Le tableau est là. C'est bien son tableau ; il lui semble achevé. Il regarde la brosse dans sa main, se demande à quel moment il s'en est saisi, qui la lui a tendue. Il ne sait plus à quel moment il a travaillé.

L'été est fini. Comme le tableau du peintre. Et à cet instant, à l'intérieur de moi, je retourne le portrait de William Diabilis. C'est lui, il est là, sous mes yeux, avec son air de Larry Hagman dans *Dallas*. Je regarde la brosse dans ma main. Puis les traits si précis de mon père sur cette toile qui flotte en moi. Plus un grain de poussière sur son visage d'homme de soixante-dix ans. Il me regarde.

Je buvais un café. J'ouvrais des livres. Je voyais des amis. Je faisais autre chose.

La radio passe cette chanson des Beatles reprise par Fiona Apple. Se forme dans mon esprit l'image d'une pomme dévorée par un scarabée. Le mot *épiphanie* revient, bute contre la pomme et dérange l'insecte dans son banquet. Dans ma tête, il ne reste que le mot, comme une légende, sous le portrait de mon père biologique et les lambeaux d'un refrain que je voudrais contredire.

4 septembre 2016. Demain, je pars pour Ludlow.

Nothing's gonna change my world
Nothing's gonna change my world
Nothing's gonna change my world

70

Evelyn me prête sa voiture pour quelques jours. C'est une Jeep orange qu'un amoureux lui a offerte, un modèle assez récent, un peu voyant, mais j'imagine qu'il a voulu la bagnole à l'image de la meuf. J'adore les boîtes automatiques. Pour les conductrices occasionnelles dans mon genre, c'est parfait. Je regrette de ne pas avoir une bonne boîte automatique au niveau du cerveau. T'appuies sur *drive*, tu lèves le pied et ça avance. J'ai repéré la route. J'en ai pour une vingtaine d'heures. Je ferai escale à Twin Falls. Il y a un Motel 6 à Twin Falls. Comme dans toutes les villes d'Amérique. Je suis la dame blanche des Motels 6.

Quand j'ai dit à Evelyn que j'avais épousseté la toile et que je partais pour le Colorado, elle m'a prise dans ses bras, un long moment, elle est capable de ça, Evelyn, elle a l'air de t'écouter à moitié, parce qu'elle a trop de choses sur les bras, et soudain, elle suspend tous les flux qui la submergent en permanence, elle se tait, elle te regarde, sourit, puis elle te serre contre elle, te tient plaquée à ses seins, tu n'as pas d'autre choix que l'encercler de tes bras et elle t'encercle des siens avec une vigueur qui te scotche, Evelyn laisse passer des choses, sans les mots, dans ses bras, en silence, tu sens que des sentiments, des pensées, des conseils, des protections, tout ça monte de son corps et le langage, s'il rompait le silence, serait réduit à l'effet d'un Stabilo. Je parie que c'est pour ça que les hommes sont dans ses bras comme des limaces après la pluie. Les petits chéris.

Dans mon sac, j'ai fourré trois bouquins. Je ne suis pas certaine de les lire. C'est pour me tenir compagnie. Ils font partie du nécessaire. Avec les fringues, le dentifrice, les serviettes hygiéniques.

– *Mémoires sauvés du vent* de Brautigan, dérobé à John. Le dernier qu'il a lu.

– *Les Vitamines du bonheur* de Carver, dans une vieille édition de poche. Trouvé dans les cartons de John.

– *Notes de chevet* de Sei Shōnagon, repêché dans le stock de Columbia.

Et puis, en fouillant dans les livres empilés derrière le store métallique de l'unité de stockage, je l'ai retrouvé. Non. Je ne peux pas dire ça comme ça. Ce ne serait pas juste. Je venais de remettre la main sur *Notes de chevet*, quand lui m'a retrouvée, glissant d'une pile, résolu comme peuvent l'être les choses, quand un destin doit s'écrire à l'appui de détails qui en font le ciment. L'agenda 1993. Celui de mes treize ans. Quand on vivait, John et moi, sur Buckman Street, un an avant l'arrivée de Jerome le chien blasé dans ma vie et la malédiction des clébards. Mon agenda de petite conne égarée entre un père homo et une mère fantôme. Je l'emporte. Ne me demandez pas pourquoi. Je n'ai pas l'intention de le donner à lire à William Diabilis. Si je rencontre William Diabilis. Si William Diabilis veut bien m'accorder quelques minutes.

J'ai acheté de quoi grignoter au volant : amandes et noisettes grillées, baies de goji, bananes, barres chocolatées. Le ciel est d'un bleu doux, quelques halos de brume de la même teinte planent sur la ville. Mon cœur bat fort. Je pense à John, à Suzanne, au mensonge où s'enracine ma presque joie de regarder la route en lui prêtant des pouvoirs de réparation qu'elle n'aura jamais. La route est la reine des promesses non tenues, je sais. Mais c'est une reine. Une Miss America décatie sur son trône de sable et d'asphalte. Son maquillage coule sous cent quatre degrés Fahrenheit. Qu'importe. Je ne verrai peut-être jamais le visage de William Diabilis. Jamais autrement que sur l'écran de mon smartphone, en doublure de Larry Hagman dans *Dallas*. Je ne veux pas y penser. Je veux croire que tout est possible, quand on referme sa portière et qu'on en prend pour vingt heures de zigzags entre les cités perdues d'Amérique de l'Ouest.

Je quitte les axes embouteillés de Madison South pour l'Interstate 84 qui traverse la forêt du Mount Hood et épouse les méandres de la Columbia River. J'avais huit ans la première fois que j'ai vu le Mount Hood se refléter dans le Mirror Lake. John m'avait emmenée en balade dans le Tenaya Canyon. J'avais chopé une insolation. Il avait dû appeler une ambulance pour me ramener fissa à Portland.

— Ce volcan est le plus haut sommet de tout l'Oregon, ma Jodie.

— Il dort ?

— D'un œil, comme tous les volcans.

— Ça fait longtemps qu'il est là ?

— Plus de cinq cent mille ans.

— C'est plus vieux qu'une tortue ?

— Tu sais que tu es plus vieille que certaines tortues, Jodie.

— Moi ? C'est pas possible.

— Et les tortues qui sont nées ce matin ?

— Papa, les tortues naissent vieilles et toutes fripées.

— C'est une montagne célèbre parce qu'on y a tourné un film. L'année de ta naissance. *Shining*.

— Je pourrai le voir ?

— Bien sûr. Ce soir, si tu veux. C'est un super film. Tu vas adorer Jack Nicholson. Jack Nicholson est un super acteur. Papa a une photo avec ce monsieur, tu sais. Lui et moi, bras dessus, bras dessous.

— Maintenant, j'ai mal à la tête.

La Jeep orange fend avec douceur les chênes de Garry et les douglas verts qui lèvent de grandes armées, le long des virages en épingles à cheveux. À la sortie de Baker City, j'ai déjà tout bouffé : les bananes, les Snickers, les Mars, les fruits secs.

71

Je roule en écoutant Leonard, Micah P. Hinson, Agnes Obel, Gravenhurst, des trucs gais. Les arpèges s'accordent aux paysages, aux lignes d'arbres noirs, aux prairies que l'été a brûlées, aux gorges sonores et aux rivières argentées. La majesté des étendues me bluffe, puis m'écrase. Je la bois, puis la recrache, de peur que le vertige opère, que je descende de la voiture, que je me mette à marcher sans but, convaincue qu'il n'y a rien d'autre à faire.

Je conduis relâchée ; sur la vitre, la pensée produit sa buée lente. Dans mon sac de voyage, Brautigan tape le carton avec Carver et Shōnagon. Ils discutent du vent, du bonheur et de la meilleure manière de prendre des notes avant de s'endormir. Mon agenda monologue sous une nuisette rouge que j'ai prise au cas où. Peut-être parce que j'ai gardé dans l'oreille la prédiction d'Evelyn : *Je te vois faire l'amour*. On ne sait jamais.

À cent dix kilomètres-heure, la voiture absorbe la route jusqu'aux crêtes de l'Idaho. Je finis par me faire à la beauté des images que le pare-brise imprime sur mes yeux. Je m'arrête ici et là pour pisser dans l'immensité des collines et des prairies pelées, accroupie entre deux portières un peu hautes. Si quelqu'un passait, il verrait mon cul et le jet dru qui en sort. Mais les voitures sont rares et les camions trop en surplomb. Dommage, les gars.

Murs de bottes de paille. Cadavres de pneus. Décharge de bus scolaires au milieu de rien. Panneau *Dead End*, losange jaune. Panneau *Speed Limit 40*, carré blanc. Panneau *Road Work Ahead*, losange rouge fluo. Mobile homes au flanc des maisons. Lattes horizontales des toits et des façades. Ombre mobile des nuages. Parfois, un train accroche le regard ; on n'en voit pas la fin ; lombric redoublant l'horizon. Drapeaux américains semés sur les perrons. Bateaux échoués sur la pelouse grillée des jardins. Coq en fer forgé. Cages à lapins. Forêt de panneaux solaires. *Regular 87. Caterpillar. Fruit Shakes. Prepare to stop when flashing*. Panneau *Heavy Truck Traffic*. Routes rapiécées, défoncées. Nids-de-poule. Éoliennes en ruban. Carcasses de bagnoles squattées. Sur le bord de la route, une casserole de fer-blanc posée sur un réchaud à gaz. C'est l'Ouest, le vrai, dirait Shepard. L'Amérique, en 2016.

Le Motel 6 de Twin Falls ressemble au Motel 6 de Redding. Je me couche dans un lit où des milliers de corps se sont couchés avant le mien. Je m'endors en lisant quelques pages de Brautigan et en cherchant sur les pages du livre l'empreinte des doigts de John. Avant d'éteindre, je feuillette mon agenda, dans l'espoir de rêver à rebours.

72

1er avril 1993
Neil Young au Tom McCall Waterfront Park.
Papa a pleuré.
Moi, je voulais voir Guns N'Roses. Fait chier.

7 novembre 1993
Sam Wilkins m'a touchée. J'ai pris la douche la plus longue de ma vie. J'attends toujours que Greg me trouve canon.

28 février 1993
Maman vient la semaine prochaine. Elle va rester un mois, il paraît. Elle veut savoir pourquoi mon année scolaire est aussi merdique. Papa et moi, on s'est déjà charclés à ce sujet. Ça va recommencer avec Suzanne. Ils savent rien. J'aime pas l'école. Vivienne Smith est une dinde. Elle me persécute. Je voudrais avoir le courage de la tuer et me tuer ensuite.

15 juin 1993
Maman s'est excusée d'avoir jeté une assiette contre le mur. Elle dit qu'elle est fatiguée. Depuis qu'elle est avec nous, elle passe son temps à se plaindre de son dos et c'est tout, il n'y a que son dos au monde. J'aurais dû être son dos et pas sa fille.

14 décembre 1993

Je suis sortie avec Greg ! Je suis sortie avec Greg ! Je suis sortie avec Gregory Kanakis !

12 septembre 1993

Quelque chose ne tourne pas rond dans ma tête.

73

Le ciel s'assombrit. À hauteur d'Ogden, quelques miles avant Salt Lake, de grandes salves de pluie s'abattent sur les vitres de la Jeep et me tirent de ma semi-léthargie. J'ai repris la route après une mauvaise nuit lestée de cauchemars où les visages de John, Suzanne, Leonard et Billy se mêlaient pour composer un monstre ancestral et menaçant ; je roule depuis près de trois heures sur l'Interstate 84, dans ce grand désert d'Idaho qui descend vers l'Utah. Avec des yeux d'enfant craintif, je regarde naître les éclairs sur les Wasatch Mountains, entre la terre et les nuages. Les arbres alentour se chargent de trombes à égrener entre les flashs électriques. Les colonnes d'air, chauffées par la foudre, claquent. Les trucks ont ralenti, avec lesquels je partage le ruban de goudron détrempé.

Le ciel américain est un palimpseste, une maison hantée, un train fantôme. Quand je le regarde, je vois d'autres ciels, tous américains. Ce sont les ciels que le cinéma ou la littérature ont ajoutés au ciel américain pour en faire le ciel américain. Le ciel américain est chargé de ciels où circulent vaisseaux spatiaux, nuages volubiles, tornades sans pitié et avions de chasse. Dans le ciel américain de Willa Cather, le vent souffle si fort qu'il ferme les yeux. Les étoiles américaines de Toni

Morrison sont des trous d'épingles en acier. Pour Brautigan, le soleil américain est une énorme pièce de cinquante cents sur laquelle quelqu'un a versé du kérosène, avant de l'allumer avec une allumette. *La chaleur sombre descendit du ciel, prit forme et monta plus haut, pour devenir le ciel. Et du ciel, elle descendit sur la terre et l'absorba ; et la terre devint poussière*, etc. Je ne sais plus si c'est dans *Les Raisins de la colère* ou *À l'est d'Éden*. La plupart du temps, le ciel américain de Jim Harrison est gris, mais il peut bleuir jusqu'à vous éblouir et les avions y filent comme s'il n'y avait dans le monde aucun danger, ni mort qui plane. Ces avions, ce sont ceux que pilotent Tom Cruise, Denzel Washington ou Leonardo DiCaprio. Toujours prêts à défendre le ciel américain contre ceux qui voudraient voler le ciel américain aux Américains : le vaisseau spatial d'*Independence Day*, les tripodes de *La Guerre des mondes*. Et puis *Twister*, *Volcano*, *Hurricane*. Le ciel américain est envahi de récits américains sur le ciel américain. Alors, de temps en temps, il nous envoie un orage de nulle part, peut-être pour se purifier des narrations qu'on abandonne entre lune et soleil ou bien par vengeance, et il égare sur sa route une pauvre fille qui aurait dû prendre l'Interstate 80 et traverser le Sud du Wyoming d'ouest en est. Au lieu de ça, la pauvre fille s'embarque sur l'Intesrtate 70 et traverse Salt Lake City dans un bourdonnement de pluie et de grêle. Et merde. Putain de ciel américain de merde. Je me plante de route.

Il faut que j'atteigne la périphérie de Salt Lake pour comprendre que je suis à Salt Lake, sous des confettis de neige durcie qui rebondissent sur le pare-brise et le capot de la Jeep. Au début de septembre, au cœur du pays, près d'un lac plus salé que tous les océans du monde. Je ne devais pas passer par Salt Lake, je ne devais pas, putain. L'orage tire vers la tempête. J'hésite à m'arrêter, mais quelque chose me dit qu'il faut poursuivre. Jim Harrison ou Willa Cather, je ne sais pas. Le vent souffle fort, mais je sens qu'il n'y a aucun danger, ni mort qui plane.

L'Intesrtate 70 est saturée de bagnoles en rogne, je, je, je crois que je, je crois quand même que je panique un peu, inifichue de prendre le moindre embranchement, je tiens ma route, coincée entre deux camions, sous des bordées de flotte. Le GPS recalcule mon itinéraire. Ça va. C'est pas méchant. Je peux suivre l'Interstate 70 et traverser le Colorado pour atteindre Ludlow. Passer par Price, Woodside, Thompson Springs, mais qui connaît ces bleds ? Sitôt dépassés les derniers grands parkings de Provo, l'orage rappelle tous ses diables et le bleu redessine les crêtes des Wasatch. Les montagnes font penser à du corail. C'est un miracle. Je m'arrête une demi-heure pour faire le plein d'essence et me remettre des foudres de l'Utah. Je dégote un hôtel à Montrose, Colorado, le prometteur 1st Interstate Inn, près du Museum of the Mountain West, où l'on peut voir d'historiques cabanes de rondins.

Puis je roule pendant quatre heures sous le soleil miraculé, jusqu'à Crescent Junction où, attirée par je ne sais quel champ magnétique, je prends la Route 191. Juste avant le pont, je décide de tourner. Non. Je ne décide de rien. Je ne décide plus de rien. Je ne devais pas faire ça, je le sais. Ce n'est pas ma route. Jodie, putain, Jodie. Mais où est-ce que tu vas, des algues séchées plein la bouche et des crampes dans les doigts ? Qu'est-ce que tu fais ? Non mais qu'est-ce qui te prend, hein ?

Tu roules vers le Nouveau-Mexique.

74

Les grandes décisions ne nous appartiennent pas. Les petites non plus. *En notre âme et conscience* est un lieu qui n'existe pas. C'est le Triangle des Bermudes où s'évaporent nos intentions d'agir. On n'agit jamais *en son âme et conscience* et le Triangle des Bermudes n'est pas un triangle dessiné sur l'eau. On porte un coup, on regrette, on ose un baiser, on regrette, on lâche une parole, on regrette, on tourne à gauche, on regrette. Mais on devait frapper, embrasser, dire ce qu'on avait à dire, aller où l'on n'avait pas prévu d'aller. Il le fallait. C'était plus fort que soi.

Albuquerque, c'est la ville de Bugs Bunny dans les *Looney Tunes* : *I knew I should've taken that left turn at Albuquerque.* C'est ce qu'il dit quand il est perdu. Il est presque minuit quand je gare la Jeep sur le parking du Sandia Peak Inn, au bord du Río Grande. Rincée. Je reste un moment dans la bagnole. Un moustique énorme se pose sur le pare-brise. Il me fixe de ses yeux vicieux. Me piquera dans le cou, le fils de pute, sur le chemin entre la voiture et la réception de l'hôtel. Mes paupières tressautent. Mains moites. Envie de pleurer, de me coller des baffes. Bonne qu'à se perdre. Des heures de route pour rien. Bouffer du ciel et de la poussière, des épingles d'acier, du kérosène. Fait chier.

Albuquerque. Quelle conne. Albuquerque. Je veux dormir. Chambre 23. Murs blancs, parquet flottant, matelas trop mou. Dormir. Sans somnis. Si. Un Zolpidem. Pour tout effacer. Allez. Non. Finalement pas. Il faut se dépouiller. C'est la dernière pensée qui me vient avant que je m'endorme, sans que la chimie joue avec mes cellules.

75

Albuquerque est à trois cents bornes de Roswell et ses associations d'ufologues, ses musées UFO, son festival UFO, son centre de recherche UFO, ses commerces UFO, tout le business juteux de la vie extraterrestre. Comme la plupart des gens, je me souviens d'avoir vu, dans les années 1990, le film sur l'autopsie de l'extraterrestre échoué près du ranch Foster, dans le désert du Nouveau-Mexique, en 1947. La Créature aux grands yeux noirs est rangée dans l'un des tiroirs de l'enfance. Et quand je l'ouvre, j'entends, mêlée à la bande-son du film, la voix de John qui répète : *Fake, fake, fake.*

En juillet 1947, l'armée américaine annonce que les débris retrouvés sur ses terres par William "Mac" Brazel, rancher de son état, sont les restes d'une soucoupe volante – on parle d'un *flying disc.* Il faudra quelques heures aux hautes instances militaires pour démentir. Dans une seconde annonce, elles défendent l'hypothèse de l'accident d'un ballon météorologique. Pendant près de trente ans, on n'en parlera plus. Jusqu'en 1978, quand le premier militaire dépêché sur les lieux du crash de 1947, Jesse Marcel, est interviewé par l'ufologue Stanton Friedman. Il prétend que l'armée américaine a maquillé la réalité ; on a présenté de faux débris à la presse. Ce qu'il a découvert ce jour-là près du ranch Foster l'a convaincu de l'existence d'une vie extraterrestre. Sous l'impulsion de Friedman, le *National Inquirer* publie un article et la sauce prend. Les histoires bidon poussent comme des chardons dans le désert ; des récits certifiés passent par le bureau des shérifs, par les confessionnaux et excitent des étudiants en archéologie et des caissiers morts d'ennui. Deux ans plus tard, Charles Berlitz et William L. Moore font paraître un livre, *Le Mystère de Roswell*, qui favorise la légende. Il y aurait une petite goutte d'espace sur la terre.

30 septembre 1993
*Janet est venue dormir à la maison. On a maté le premier épisode d'*X-Files. *Délire. Gillian Anderson, wow.*

Je me tape l'intégralité d'*X-Files* en priant pour que tout soit vrai, tant j'ai envie d'y croire ; que mon univers d'adolescente ne se résume pas à l'Amérique de Clinton et à la mort de Cobain. Vingt-sept chaînes diffusent l'autopsie d'un extraterrestre, prétendument retrouvé en juillet 1947, près d'un ranch, à Roswell. Dans le film, on voit la Créature blessée à la jambe droite disséquée par des scientifiques masqués. Son corps gît, ouvert sur une plaque de ferraille, les mystères du néant tiennent à un scalpel entre deux doigts. Dix ans plus tard, on apprendra par la Warner Bros que c'est le sculpteur britannique John Humphreys qui a réalisé la Créature, un mannequin de latex formé sur une base en argile. Des entrailles de poulets ont servi d'appareil digestif ; la boîte crânienne a été farcie de cervelle de mouton.

À quinze ans, quand la plupart des ados de mon âge s'identifiaient à Julia Roberts dans *Pretty Woman*, à Mariah Carey ou à Michael Jordan, moi je me sentais assez proche de ce corps sur la table qu'on ouvrait avec précaution, comme un trésor terrifiant. C'était moi, la Créature. Avec mes gros yeux noirs insondables.

76

Je me réveille la bouche pâteuse, le corps courbatu, avec une tête d'ours brun au sortir de l'hiver. J'ai étrangement bien dormi. Douche tiède, presque froide, nouvelles fringues. String et soutif de microfibre couleur chair ; si on me regarde à la va-vite, on me croit nue. Chemise à rayures verticales blanches et bleues, bluejean délavé, chaussettes avec imprimé cactus et puis mes Converse jaunes, achetées à Santa Monica au début de l'été. Je quitterai Albuquerque dans une heure, le temps de manger un petit quelque chose. J'arriverai à Ludlow pour dix-sept heures. Il fera encore jour. Je me présenterai à la porte du ranch. Je me recoifferai, comme dans les films où les nanas se recoiffent avant de faire un truc important. Je sonnerai. Il doit bien y avoir une sonnette quelque part. Peut-être plusieurs. Pourvu que je ne me trompe pas de sonnette. Je sonnerai partout où ça sonne. Au pire, je m'excuserai d'avoir sonné au pif. Ce ne sera sans doute pas lui qui m'ouvrira. Mais quelqu'un qui travaille là. Un majordome ou une bonne, un Paco devenu Reginald, une Juanita qui préfère qu'on l'appelle Genevieve. Un esclave qui me mènera à lui, j'espère. J'espère qu'on ne me refusera pas l'entrée, quand je dirai : *Bonjour, est-ce que vous pouvez dire à M. Diabilis que Jodie est là ?*

7 septembre 2016, Albuquerque. Je m'assois à une table du Black Bird, dans le quartier de Plaza Vieja et je commande un cappuccino accompagné d'un croissant au chocolat. À la table d'à côté, un chauve au front luisant pianote sur le clavier de son ordinateur. Il murmure des trucs à voix basse et quand il lève les yeux de son écran, il secoue la tête comme s'il n'était pas d'accord avec lui-même. Il m'adresse une paire de sourires auxquels je réponds comme je peux, en tirant sur deux trois zygomatiques.

Pauvre Wakefield ! Tu ne sais pas donc pas combien ta chétive personne est insignifiante dans ce monde, et le peu de place qu'elle occupe ? Aucun œil autre que le mien ne t'a suivi ; gagne paisiblement ta couche, pauvre insensé, et si demain la raison t'est venue, tu retourneras chez toi. Pauvre Wakefield ! Tu ne sais donc pas combien ta chétive personne, ta chétive personne est insignifiante pour ce monde / Non / *dans ce monde, dans ce monde, insignifiante dans ce monde, et le peu de place qu'elle occupe ? Pauvre Wakefield ! Tu ne sais donc pas combien ta chétive personne, est insignifiante dans ce monde, insignifiante dans ce monde, et le peu de place qu'elle occupe ? Le peu de place, le peu de place qu'elle occupe.*

Puis je vais faire un tour, je longe Old Town Road, ses maisons de plain-pied, ses paliers, ses caravanes piquées de lichens. J'arrive aux abords d'un parc à l'herbe rase et jaunie. Un camping-car Cruise America est garé là ; sur les ailes et l'arrière, un sticker géant figure Monument Valley. Quelques gamins crient sur les toboggans ou les balançoires. Leurs mères scrollent en bâillant, avachies sur des bancs travaillés par le soleil. Un couple à bout de souffle suit une petite blonde qui propulse sa draisienne dans les allées. Près des terrains de basket-ball, une dalle blanche, limitée par un muret de pierres sombres, hésite entre amphithéâtre et piste de skate.

Aucun œil autre que le mien ne t'a suivi. Aucun œil autre que le mien ne t'a suivi. Aucun œil autre que le mien ne t'a suivi ; gagne paisiblement ta couche, pauvre insensé, insensé, insensé, et si demain la raison t'est venue, tu retourneras chez toi. Et si demain la raison t'est venue, tu retourneras chez toi.

Elle est là. Près des terrains de basket-ball. Sous un arbre aux feuilles tapées par l'été. Elle est assise sur une pierre, ramassée sur elle-même, dans une position qui rappelle *Le Penseur* de Rodin. Mon cœur explose dans ma poitrine, comme une grenade de 1939-1945 oubliée. Je porte la main à ma bouche, regarde autour de moi, porte la main à mon cœur, puis à ma bouche de nouveau. J'ai envie d'appeler, à l'aide peut-être, oui, *au secours, mais vous ne voyez donc pas ?* Aucun son ne sort de ma bouche. Pourquoi à l'aide ? Au secours, pourquoi ? Appeler, c'est tout. Appeler le monde, les gens, leur dire : *Vous avez vu, vous voyez ? Elle est là, elle est bien là.* Parce qu'elle est là, ça change tout, vous comprenez. Elle est là. C'est elle. *Vous la voyez, n'est-ce pas ? Dites-moi que vous la voyez comme je la vois. Enfants, quittez les toboggans, descendez des balançoires, courez. Courez. Regardez.* Elle est vraie. C'était vrai. John avait tort. John avait tort quand il répétait : *Fake, fake, fake.*

Je la vois. Avec ses grands yeux noirs où l'on pourrait enfoncer le bras. À aucun moment, je ne crois à un déguisement, quelqu'un qui se serait costumé pour jouer. Non. C'est elle, c'est bien elle.

À part moi, elle semble n'intéresser personne : les enfants crient dans leurs jeux, leurs mères scrollent, la main sur un fil qui ne les mène nulle part. Pendant qu'elle pense, sous nos yeux. À qui ? À quoi ? Je ne bouge plus. Je retiens mon souffle. Mes ongles s'enfoncent dans ma paume. Comme si ma vie n'était pas assez en bordel. Il faut que je vérifie l'existence extraterrestre au milieu du Tiguex Park d'Albuquerque.

77

Elle lève les yeux sur moi. Je soutiens son regard, l'ai soutenu, le soutiens encore. Combien de temps ? Je ne crains pas qu'elle me paralyse d'un doigt, qu'elle m'empoisonne de son souffle, qu'elle me transforme en statue de sel, qu'elle m'exécute à sa manière. D'un léger hochement de tête, elle m'invite à la rejoindre. J'obéis. Je vais m'asseoir près d'elle, sur une autre pierre. Je ne la regarde plus. Je regarde autour de moi. Elle aussi. C'est l'endroit le plus vague du monde. Je vois le camping-car et Monument Valley. Les toboggans, les balançoires, les maisons, leur palier, les rues. La Créature ne dit rien. On respire, l'une près de l'autre. Nos respirations s'accordent, sans qu'on le veuille. Je regarde ses mains, posées sur ses cuisses. Sa peau est grise. Elle luit sous le soleil d'Albuquerque. On dirait qu'elle transpire. Je transpire avec elle. On accorde nos sueurs. Ça se passe en secret du monde, sous un arbre blond. Le secret n'est pas volontaire. J'aimerais dire à tout le monde : *Regardez, regardez-nous.* Mais le monde est ailleurs, il nous ignore.

J'approche mon visage du sien, ses yeux absorbent l'horizon, son odeur me noie, je l'aime, je joins mes lèvres aux siennes, qui sont d'une finesse extrême. L'orifice de sa bouche est exigu, ma langue y pénètre et touche la sienne, dont ni le goût ni le contact ne me ramènent à mon espèce. Pendant quelques secondes, nos langues se caressent. Elle embrasse bien, selon mes critères. Nos baisers dépassent les considérations techniques. Quand elle m'embrasse, je vois des choses, des choses inouïes.

— Est-ce que tu parles ?
— Toutes les langues.
— C'est pratique.
— Nous sommes un peuple assez pratique.
— Moi, je parle à peu près anglais, je me débrouille en espagnol et je connais quelques mots de français.
— Je connais la France.
— Ah bon, alors Paris c'est vraiment comme on le dit ?
— Je ne sais pas ce qu'on en dit.
— Et chez toi, il y a des mâles et des femelles ?
— Nous sommes *autre chose*. Avec toi, j'aimerais aller plus loin.
— Ici, quand on fait l'amour, on éteint souvent la lumière.
— Vous avez peur de quoi ?

Je liquide mes fringues en trois gestes et demi, fais glisser mon string le long de mes cuisses, jusqu'aux pieds. Je dégrafe mon soutien-gorge. Je suis nue. Dans un recoin du Tiguex Park d'Albuquerque, sous le soleil de septembre. Ça ne semble déranger personne. La Créature pose ses mains grises et humides sur mes reins, m'invite à m'asseoir sur ses cuisses, face à elle, alors j'ouvre les miennes, sans honte, et me plaque à son ventre.

— Chez toi, comment fait-on pour être nue ?
— Il suffit de le déclarer et nous le sommes.
— Ah. Tu veux bien ?
— Je suis nue.
— Je n'ai pas vu la différence.
— Mais pour moi, elle est énorme.
— Maintenant, embrasse-moi. Non. Dis-moi ton nom, d'abord.
— Je m'appelle Jodie.
— Quoi ?
— Comme toi.
— Jodie ?

Je replonge dans les arcanes de sa bouche. Sa langue est bonne, je l'aime, elle m'excite.

— Chez moi, faire l'amour ne sert pas à la reproduction, ni au plaisir.
— Mais à quoi ?
— À survivre.
— Survivre ?
— Chez nous, c'est comme boire, manger et vivre dans le ciel. On sent mourir quelque chose en soi, à petit feu, alors on cherche une partenaire et on le fait, on fait ce que vous appelez l'amour et on ne meurt plus.

La Créature m'enlace, mon corps est écrasé contre le sien et dans ses yeux noirs immenses se reflète mon corps nu que je n'ai jamais trouvé plus beau.

— Tu le fais souvent avec des Terriennes ?
— Je crois que tout le monde me prend pour un mendiant dans un costume d'extraterrestre.
— Tu n'es pas un mendiant dans un costume d'extraterrestre ?
— Bien sûr que non.
— Alors, grâce à moi, tu vas survivre ?

— Les gens perdus, comme moi, loin de tout, ces gens-là finissent par mourir.
— Je ne te sauverai pas ?
— J'ai passé trop de temps toute seule.

Nous faisons l'amour.
Elle caresse ma joue de ses six doigts parfaits. Son odeur et la mienne en inventent une troisième. Personne ne me donnera ce qu'elle m'a donné.

— Et maintenant, tu vas mourir ?
— *Je viens je ne sais d'où / Je suis je ne sais qui / Je meurs je ne sais quand / Je vais je ne sais où / Je m'étonne d'être aussi joyeux.* C'est quelque chose que j'ai lu sur un mur de San Francisco, il y a quelques années.

78

Liste de gens qui en savent davantage sur moi que moi sur moi-même

John
Suzanne
Evelyn
Janet Carr
Marvin Underwood
Candice Sharp
Brooke
Abigail Philips
Marisa Marlowe
Phyllis Cobbs
Harper
Daniel
Mme Coleridge
Gavin
Nigel
Sherlock
Rufus
Agent K et Agent J
Lucky
Hook Kaufman
Jerome

L'Amour-Inconditionnel-Pour-Tout
William Billy Diabilis
(...)

79

Je fais le tour du Tiguex Park par Mountain Road, passe devant le Centre d'astronomie et son planétarium. La Jeep roule au pas, mon regard perce les bouquets d'arbres, pour sonder les terrains de basket-ball. Je revois l'enfant à la draisienne ; on dirait qu'elle a semé ses parents. Assis sur un banc, un garçon fait rebondir un ballon blanc entre ses jambes. Je cherche l'endroit où nous avons fait l'amour. Je la cherche, elle, dans l'ombre des arbres, sur les bancs, près des toboggans, des balançoires. Elle et ses yeux immenses. Elle n'est plus nulle part. Peut-être repartie. Peut-être ailleurs dans la ville. Non. Là. Elle est là. C'est elle. Je la vois. Je reconnais son dos gris et luisant dans la courbe ascendante du soleil. J'arrête la Jeep. Je me gare mal. Mes mains se crispent sur le volant. Je la vois, c'est elle, c'est bien elle. Un sanglot brutal me monte dans la gorge, que je ne peux m'empêcher de cracher dans mes mains jointes. Je la vois, sur une parcelle d'herbe transformée en paille. Son corps est étendu, inerte, le visage contre terre, les paumes ouvertes et ses doigts durcis. À son chevet, il n'y a personne.

80

La route est triste. Conduire trop vite n'y change rien. Ce que j'ai vécu à Albuquerque remue en moi. Ça tape dedans, ça tape. Je n'aurais pas dû me doucher, me changer, me faire propre, me faire belle, mais pourquoi ? Je voudrais que son odeur sur ma peau perturbe ma concentration, je voudrais son odeur sur ma peau, son goût, encore, dans ma bouche. Je sais. Je sais que je finirai dans le doute, dans l'enclos ouvert du doute, comme tout ce qui sort de l'ordinaire, comme tous les instants rares. Ils sont, dans le flou, d'une précision telle qu'avec le temps, à force de précision dans le flou, ils prennent la forme parfaite des rêves. Je ne veux pas. C'était de la vie, cet amour. Dans ses bras, dans ses bras venus de plus loin que loin, la jouissance avait des larmes. Ici, le désert me regarde, il a tous les yeux. L'asphalte est défoncé, les gens aussi. Sur la route entre Albuquerque et Ludlow, le pays repose sur une poignée d'enseignes commerciales et des arbres qui apprennent à résister à la fin du monde. Family Dollar, Auto-Zone, Costco, Subway, Home Depot, cvs Pharmacy, pins ponderosa, pins blancs, pins du Mexique, peupliers de Virginie, tamaris.

Quand on quittait Portland avec John pour se mettre au vert une semaine ou deux, je m'étonnais de l'immensité des paysages et de la pauvreté des gens. C'étaient comme les deux plateaux déséquilibrés d'une balance : la nature donnait tout, les gens n'avaient rien. Ça nous arrivait de descendre vers la Californie, John aimait s'arrêter pour pêcher à Gasquet Village, dans le comté de Del Norte, à la frontière entre Oregon et Californie. Gasquet Village réunit une communauté de bungalows et de chalets ; des caravanes, des mobile homes, au bord de la Route 199. Tu y trouves les sculpteurs les plus patients du monde, des culs-de-jatte hilares, des chiromanciennes plus douées pour la tarte au citron que pour la lecture de l'avenir, des contemplateurs professionnels, des solitaires border-line, quelques couples de jeunes établis à l'année, en rupture avec la vie moderne. À Gasquet Village, John était le plus heureux, le soir, quand ce petit monde se retrouvait autour d'un barbecue. Moi, au bout d'un moment, ça me rendait dingue, je suffoquais, ça me donnait envie de rentrer à Portland en stop pour aller me faire des sushis chez Ishiban et me perdre dans le tourniquet d'assiettes.

J'allume l'autoradio. Une voix rauque surgit des plaines ardentes de la State Highway 518 et annonce *Suzanne*, par Leonard Cohen.

Suzanne t'emmène écouter les sirènes
Elle te prend par la main
Pour passer une nuit sans fin

Le visage de ma mère se superpose à toute image, comme un filtre de couleur sur l'objectif d'un appareil photo. Maman. Je vais rencontrer Billy, Maman. L'autre père, celui qu'on m'a confisqué. Billy Diabilis est à une heure, si je ne me fais pas gauler par les flics pour excès de vitesse. Elle est belle, cette chanson. Comme ça, en plein désert. J'allais pleurer. Je pleure d'autant plus. Des larmes précises dans le flou. Des larmes qui doutent. Tristesse ou joie, elles ne savent pas. Il y a un Las Vegas au Nouveau-Mexique. L'ambiance n'a rien à voir avec le Vegas du Nevada.

Au bord de la route, un type fait du stop une fleur rouge à la main, qu'il tend vers les rares voitures qui passent. Son sourire évoque Lucifer. Sur un morceau de carton, il a écrit RATON. Raton est à quarante minutes de Ludlow, c'est sur ma route. Je m'arrêterais volontiers, mais ce type m'inspire le même frisson que la première séquence de *Scream*, quand Drew Barrymore est forcée de se cogner un quiz cinéma pour échapper à la mort, et ce n'est pas du tout le moment de se faire étriper, désolée.

81

Un soir de sa vingtième année d'absence / un soir de sa vingtième année d'absence / notre exilé sort pour accomplir sa promenade accoutumée aux abords de cette demeure qu'il nomme encore la sienne / la sienne / Un soir de sa / de sa / de sa vingtième année d'absence / un soir de sa vingtième année d'absence / notre exilé sort pour accomplir sa promenade habituelle / Non */ accoutumée / accoutumée / aux abords de cette demeure qui est encore la sienne / qu'il nomme / qu'il nomme encore la sienne / C'est une orageuse nuit d'automne / C'est une orageuse nuit d'automne / une nuit orageuse / C'est une nuit orageuse d'automne, dont les fréquentes ondées tombent avec tant de / de / de promptitude que l'on n'a pas le temps d'ouvrir son parapluie / que l'on n'a pas le temps d'ouvrir son parapluie /* Ça ne rentre pas / Putain ça ne rentre pas / Je serai nulle à chier / Et adios amigos.

82

— Je peux vous aider, mademoiselle ?
— Oui. Je cherche M. Diabilis.
— Qui vous a laissée passer ?
— Le monsieur, là-bas.
— Il n'est pas censé vous laisser passer.
— Il a compris que je n'étais pas malintentionnée. J'ai fait une longue route pour arriver ici.
— Il n'est pas censé vous laisser passer. Il a une tâche bien précise, à laquelle il s'est soustrait.
— Je voudrais voir M. Diabilis. Je suis. Je –
— M. Diabilis est absent.
— Ah bon ?
— Il ne sera pas nécessaire de revenir. Je vais prendre un message.
— Mais je reviendrai.
— M. Diabilis ne reçoit pas. Si vous avez des projets qui appellent un financement, contactez la Fondation. L'adresse de contact et les formalités sont accessibles en ligne.
— Je n'ai pas de projet.
— Je peux vous demander ce que vous voulez ?
— Rencontrer M. Diabilis. Quelques minutes. Pour raisons personnelles.
— Quel genre de raisons personnelles ?

— Des raisons très très personnelles.

— Je le répète, M. Diabilis ne reçoit pas. Mais le cas échéant, je peux lui transmettre un message.

— Dites-lui que Jodie est passée le voir. Dites-lui que c'est Jodie.

— Jodie.

— C'est ça, oui. Je suis Jodie.

— Vous êtes Jodie ?

— Pourquoi vous faites cette tête ?

— Jodie ?

— Oui, Jodie. Jodie Casterman.

— C'est noté.

— Et vous, c'est comment ?

— Je suis la personne en charge de la sécurité de la propriété et je fais mal mon travail parce que vous ne devriez pas être là.

— Vous êtes le remplaçant d'Howard.

— Pardon ?

— C'est vous qui remplacez Howard.

— Howard ?

— Pourquoi vous faites cette tête ?

— D'où tenez-vous ce prénom ? Je suis Howard.

— Quoi ?

— C'est moi, Howard.

— Mais je croyais que vous aviez été. Enfin, je veux dire que. Que vous ne travailliez plus ici.

— Mais.

— Vous êtes Howard Farouk ?

— Euh. Oui. Je. Alors vous êtes madame Jodie. C'est vous ?

83

— Merci d'avoir accepté de me voir, Howard.

— C'est normal. C'est quelque chose pour moi, c'est quelque chose.

Au Mantelli's de Trinidad, on supporte les Broncos de Denver. Sur les murs du bar, des écharpes, des fanions, des cartels célèbrent l'équipe de Russell Wilson. Une femme portant un chemisier à motifs géométriques – tourbillon de triangles, de cercles et de carrés – vient de mettre un dollar dans le juke-box. Elle a choisi Billy Idol, *Eyes Without a Face* ; je la félicite pour son choix en levant le pouce devant ma bière.

Il est six heures du soir et Howard me rejoint. Il ne s'est pas changé, il porte cette veste kaki, dont la coupe droite peine à cacher la largeur de ses hanches et le volume de son ventre. C'est un bel homme au corps massif, au front haut, aux sourcils épais, à la barbe noire. Il s'assoit face à moi, commande une bière à son tour et me sourit. Je découvre qu'il a des dents superbes.

— M. Diabilis rentre demain.

— Demain ?

— C'est annoncé. Mais cela peut changer au dernier moment. Vous avez trouvé un logement ?

— Il restait une chambre au Super 8. C'est juste pour la nuit.

— J'aurais pu vous héberger, j'ai une chambre d'ami, mais je ne préfère pas mélanger le travail. Je suis désolé.

— C'est bien comme ça.

— Alors santé.

— Je peux vous poser quelques questions, Howard ?

La dame aux motifs géométriques remet un dollar dans le juke-box. Cette fois, elle choisit les Talking Heads, *Once in a Lifetime*. Accoudé au comptoir pailleté, un type à stetson blanc applaudit et lance à qui veut l'entendre qu'il a chanté ce titre pendant toute sa putain de jeunesse, quand il vivait encore dans le Michigan. Un couple entre dans le bar et s'installe au comptoir, la femme esquisse un pas de danse genre madison avant de disparaître aux toilettes.

— Je vais vous dire : M. Diabilis, il a débuté apprenti dans une mine de charbon à ciel ouvert, près de celles de Dry Fork et de Black Thunder. Ce n'était déjà plus un jeune homme, il faut le savoir. Il avait un métier avant, il était électricien de formation, mais il a tout laissé tomber pour travailler à la mine et en 1987, il a lancé sa propre entreprise de maintenance de machines minières. Vous voyez ce que c'est ? Les machines minières, personne n'a envie de s'occuper de ça. Quand tu es un enfant, tu ne te dis pas : quand je serai grand, je m'occuperai de machines minières. Mais M. Diabilis, il a travaillé dur, c'est sûr qu'il a travaillé. Après 1990, moi je ne sais pas quelle année, il a fait un emprunt à une banque de Cheyenne, dans les cinquante mille dollars, il faut être courageux pour faire des emprunts, un emprunt pour quoi faire ? Pour racheter une mine. Une petite mine en plein cœur du

Powder River Basin. Il a développé la mine. Et quand l'affaire a bien tourné, super bien il faut croire, il l'a revendue à Carpenter Coal. Pour dix millions de dollars en espèces. Dix millions ! Et quelques actions en plus. Tu donnes cinquante mille dollars à M. Diabilis, il en fait dix millions. Il n'a pas raté son coup, ça non. Et ce n'est pas fini, madame Jodie. Deux ans plus tard, Carpenter Coal a été la cible d'une OPA. Et il a revendu ses actions. Le double. C'est beau, c'est du beau travail, c'est de l'intelligence. À ce moment-là, il avait dans les vingt-cinq millions de dollars. Là, il quitte le Wyoming, direction Ludlow. Le ranch, il l'achète quatre millions. Il fait des travaux, ça lui coûte quatre millions de plus. Aujourd'hui, la propriété est estimée à trente millions de dollars. L'argent, vous savez comment c'est : plus on en a, plus on vous en donne.

La voix d'Howard témoigne de toute l'admiration qu'il voue à William Diabilis. C'est plus que du respect ; il y a dans ses inflexions, dans les mots qu'il choisit pour décrire l'ascension sociale de William Diabilis, une gratitude, une fierté.

— Pourquoi avoir construit un ranch au milieu de rien ?

— Il aime les symboles, M. Diabilis. Les symboles, c'est quelque chose de très important pour lui. C'est sa manière à lui de ne pas oublier, c'est ce qu'il dit. Le massacre qui a eu lieu là, vous savez, ces familles d'ouvriers assassinées. Votre père voulait vivre près de ça, près du Mémorial. Moi, je n'ai jamais trouvé ça très sain. Je vis à deux rues d'ici. Ici, il y a de la vie, mais là-bas ? Là-bas, la Garde nationale a tiré sur des Américains, vous vous rendez compte ? Des mineurs, leur femme, leurs enfants. À Ludlow, il ne faut pas oublier que l'Amérique a abattu son peuple. Tout ça parce que des gens courageux, qui bossaient dans des conditions pas possibles, avaient osé faire grève. Tu fais grève, on liquide ta famille. *Il ne faut pas leur laisser croire que la révolte, ça peut marcher.* C'est Rockefeller qui disait ça.

— Je pensais qu'il vous avait licencié.

Son visage se glace, il prend trois gorgées de bière sans répondre, baisse les yeux, les relève, ne soutient pas mon regard, toussote, reprend une gorgée.

— Je ne voulais pas vous embarrasser. Excusez-moi.

— J'ai travaillé pour M. Diabilis pendant sept ans.

— Vous n'êtes pas obligé de me raconter, Howard.

— J'ai commis une faute, il m'a licencié, c'est normal.

— Je ne sais pas.

— Ce n'est pas sans rapport avec vous.

— Comment ça ?

— J'ai commis une faute.

— Quel genre de faute ?

— Mais il m'a repris, M. Diabilis. Il m'a repris.

— Quelle faute ?

— Pour moi, vous étiez une enfant. Mais vous êtes. Vous êtes devenue une femme. C'est normal. Le temps passe.

— Oui, je suis. Ça, ce que vous avez devant vous.

— C'est un bon patron, lui. Je sais qu'il m'aime beaucoup. C'est pour ça qu'il m'a repris. J'ai travaillé un an au zoo de Santa Fe. J'ai déprimé. Pas à cause des bêtes. À cause des gens qui venaient regarder les bêtes. Les gens sont déprimants. Mais j'ai appris des trucs, ce n'était pas inutile, cette année à Santa Fe. Vous saviez que le wombat fait des crottes carrées ?

— Non.

— C'est à cause de son intestin.

Deux dames s'assoient à la table d'à côté. Elles jacassent en terminant du bout des doigts un donut au chocolat enveloppé dans un carré de papier kraft. La plus volubile porte un fédora de paille cerclé d'un galon rose. Elle gobe sa dernière bouchée, avant d'exhiber ses dents à la seconde, afin de s'assurer qu'aucun reste n'y est coincé. Et puis elles commandent deux Galaxy bien fraîches, parce qu'il fait encore chaud pour un mois de septembre.

— On est dix-sept personnes à travailler au ranch. Celles qui s'occupent de la bâtisse principale, l'entretien, la cuisine, tout ça, celles qui s'occupent des extérieurs, le service de sécurité, les deux pilotes d'avion. C'est une équipe assez réduite, vous savez, il y a des ranchs de la même taille où ils sont cinquante à bosser. Certains employés vivent sur place, ils sont bien logés, ils ne manquent de rien. Moi, je ne préfère pas. J'aime mon indépendance. On se connaît tous assez bien, il y a peu de mouvement dans l'équipe. Mais la personne qui vous a laissé passer cet après-midi, Miguelito, il vient d'arriver. C'est moi qui l'ai embauché. J'ai écouté un mauvais conseil, voilà. Il est volontaire, mais trop gentil. Je ne vais pas le garder.

— Ah bon ?

— Il le sait.

— Je –

— Tout va bien.

Il sourit. Ses dents sont superbes. Son visage est doux et marqué. C'est un homme qui en a bavé. Ses yeux se perdent dans le bois de la table, dans le reste de mousse au fond de sa chope. On commande deux autres bières. Les dames d'à côté parlent fort, ça nous arrange. Le juke-box se tait quelques minutes, puis la dame aux motifs géométriques remet un dollar dans la machine pour écouter Spoon, *Everything Hits at Once*.

— Pourquoi M. Diabilis vous a licencié, Howard ? Pourquoi vous avez dit que ça avait un rapport avec moi ?

— Moi, j'assurais sa sécurité. J'avais cinq hommes sous ma responsabilité. On s'entendait bien, tous. Une équipe soudée, des gens concernés, je maîtrisais bien l'esprit, il y avait un attachement, un vrai. À M. Diabilis. Au ranch. Et puis un jour, il y a eu un cambriolage. En plein jour. Ça ne pardonne pas. Voilà.

— Voilà ?

— Le type a agi seul. Seul. On était dix-sept sur la propriété. Dix-sept. En plein jour. Moi, je l'appelle Passe-Muraille. On sait qui c'est. Il a quelques années de prison à son actif, pas beaucoup. Il a été pincé une fois pour des affaires de skimming, des arnaques à la carte bancaire. Il est connu sous plusieurs noms. En fait, il s'appelle Hickenlooper. Comme le gouverneur. Mais rien à voir. Ce salopard fait de la magie et à l'heure où je vous parle, il doit se la couler douce au bord d'une piscine olympique. James Hickenlooper. Passe-Muraille.

Il s'envoie sa Galaxy, à gorgées lentes, régulières, marque un temps d'arrêt, s'essuie la bouche, des commissures vers le centre, entre pouce et index. Il frotte le surplus de mousse sur sa cuisse, racle sa gorge, esquive un rot, ouvre son regard aux deux femmes d'à côté, aux gars en chemise à carreaux affalés sur le comptoir du Mantelli's, la quarantaine posée au fond du malt, le front brillant. Howard se perd quelques instants dans la lumière du juke-box. Puis il revient à mes yeux, je ne les baisse pas, je lui souris pour l'encourager à poursuivre, je sens qu'il est au bord de m'enlever les quelques oripeaux que j'ai encore sur le dos, il ne me restera bientôt qu'à jeter mon sac dans la rivière qui traverse Trinidad et qui porte le nom de Purgatoire River. Dépouille-moi, Howard. Dis-moi ce que tu sais. Je suis prête à l'entendre. Je suis prête à reprendre le fil de ma vie à partir de là : on ne naît pas quand on naît. Je suis prête à t'inscrire en complice au mur des naissances et à écrire avec toi le dieu des paragraphes, celui qui contient la Vérité, la Vérité ultime, la grande Vérité. *Le Paragraphe des Promesses*.

— Dans le ranch de Ludlow, dans la bâtisse principale, il y a la chambre de M. Diabilis, celle qu'il partageait avec Mme Lavinia et où il dort seul maintenant. Il y a les chambres de Luis et Alejandra, qui viennent encore de temps en temps, mais c'est rare, ils sont très pris par leur travail à GreenForHope. Il y a cinq autres chambres, je ne sais pas très bien à quoi elles servent. Ce sont des chambres. Et puis il y a une pièce, elle est un peu spéciale. C'est le salon de lecture de M. Diabilis. La Cunningham Room. C'est son nom, celui que M. Diabilis lui donne. On y trouve une bibliothèque, pas bien grande, il y a une trentaine de livres, maximum. Ses favoris, ceux qu'il lit et relit. Il y a là son fauteuil de cuir blanc, au centre d'un tapis noir. Comme un trône. C'est très spécial, vous voyez. J'aime bien les choses spéciales. Les murs de la Cunningham Room sont d'un rose très pâle. Une fenêtre est orientée vers le Mémorial du massacre, une autre sur les Sangre de Cristo Mountains. Face à la porte d'entrée, il y a une photographie. Au centre du mur, c'est calculé, elle est bien au centre. C'est une vieille photo, des années 1910. Encadrée super bien. Elle représente une femme seule dans une forêt, elle regarde par terre, on dirait qu'elle est triste et près d'elle, il y a une balançoire vide. Celle qui a pris la photo, elle s'appelle comme le salon : Cunningham.

— Imogen ? Imogen Cunningham ?

— *In the Moonlight*. Je me souviens bien du titre.

— C'est cette photo qu'il a volée, votre passe-muraille ?

— Non.

— Non ? Alors, qu'est-ce qu'il a volé ?

— Le dollar.

— Le dollar ?

— Derrière *In the Moonlight*, il y a un coffre-fort. Le seul coffre-fort de la maison. M. Diabilis ne garde pas d'argent chez lui. Le fric est invisible : ce sont des chiffres sur des écrans. Ce qu'on n'a pas compris, c'est pourquoi M. Diabilis tenait à ce point à récupérer ce dollar. Mais je vous l'ai dit, pour lui, les symboles sont importants.

— C'était quoi, ce dollar ?

— Hickenlooper est entré Dieu sait comment. On le voit sur les caméras de surveillance, se balader dans le ranch comme si c'était chez lui, un sac de sport sur l'épaule et des gadgets plein les mains. Je vous passe les détails. Moi, je n'étais pas payé pour défendre la baraque contre Ethan Hunt. Hickenlooper, il a vite pigé que la Cunningham Room, c'était spécial. Que c'était le cœur du réacteur. Il s'est dit : *À moi le pactole*. Il a dû sursauter quand il s'est retrouvé comme un con face à un putain de dollar.

— Et il l'a pris ?

— Bien sûr qu'il l'a pris. Le dollar et l'enveloppe.

— L'enveloppe ?

— Une enveloppe avec juste une lettre. Il s'est dit : *Si c'est protégé de la sorte, c'est que ça vaut le coup*. Il s'est dit : *Il y a une valeur qu'on appelle sentimentale*. Il a eu du pif. Le soir même, il a demandé une rançon.

— Une rançon ?

— Oui, une rançon. Pour récupérer le bifton.

— Une rançon de combien ?

— Un million.

— Quoi ?

— *Un million*, madame Jodie.

— Contre *ce dollar*.

— Un million de dollars contre *ce dollar*.

— Et M. Diabilis a payé ?

— Le lendemain.

— Et maintenant ?

— Le dollar est dans le coffre, derrière la photographie, à sa place.

— Et quel rapport avec moi ?

— C'est *le dollar de Jodie.*

— Quoi ?

— Au moment de mon licenciement, quand on s'est serré la main pour se dire au revoir, j'ai demandé à M. Diabilis ce que ce dollar avait de spécial et il m'a répondu : *C'est le dollar de Jodie, Farouk.*

— Pourquoi *le dollar de Jodie* ?

— Il m'a juste dit qu'il avait une fille, quelque part. Une fille qu'il n'avait jamais vue. Et que c'était la seule chose qu'il avait d'elle. Si Hickenlooper lui avait demandé deux millions, M. Diabilis les aurait donnés.

— Vous l'avez vu, vous, ce dollar ?

— Jamais.

— Je croyais que M. Diabilis refusait de vous appeler Farouk.

— Comment ça ? Non. Ce n'est pas lui. C'est moi qui veux qu'on m'appelle Howard. J'aime bien Howard. Je trouve que ça me va bien. Ça fait plus américain, plus autoritaire, par rapport à mon équipe, voyez. Lui, il m'appelle toujours Farouk, quand on est tous les deux.

Pourquoi *le dollar de Jodie* ? Je comprends que c'est de Billy et de lui seul que j'obtiendrai la réponse à la question. Je comprends aussi qu'il tient à moi, ce père inconnu, pas à ma personne, non, pas à la réalité de ma personne, puisqu'il n'en connaît rien, mais à une certaine idée de moi, une idée forgée au fil du temps passé sans moi, une idée qu'il garde en lui et qu'il restaure comme une relique cachée derrière une photographie d'Imogen Cunningham, dans une pièce pensée comme un mausolée pour les grandes erreurs de la vie et pour les livres qui essaient de les comprendre, sans pouvoir les réparer.

84

Moins on se connaît, mieux on se porte. Dans ma chambre au Super 8 de Trinidad, revenue au noir de la nuit et à son mobilier standard, je revois la Créature qui m'a aimée à Albuquerque, quelques heures plus tôt. Elle flotte au-dessus de moi, comme les fantômes de certains films. C'est elle qui m'a attirée à Albuquerque, je le sais, à Ogden puis Crescent Junction, elle était déjà là, à jouer avec mes nerfs. Je cherche son odeur, le goût de sa salive, sa peau humide et grise. Je me caresse, sans aller jusqu'à jouir, comme si ces caresses étaient un dû, une offrande déposée au pied du néant, *prends, c'est pour toi.*

Je revois le visage d'Howard-Farouk sous les néons du Mandelli's, sa barbe noire et bien coupée, son ivresse de fin de soirée, sa douceur bourrue. Je revois Suzanne sur Carroll Canal, deux cactus crevés pour compagnons. Elle enflamme la mèche d'une bougie et se prépare un thé. La route défile encore sous mes yeux, sans un lampadaire pour l'éclairer, la route américaine, avec ses call boxes, ses bleds à l'abandon, ses pneus déchirés dans le ravin. La Démesure y fait du stop, elle me cherche, ses grandes ailes déployées dans le dos, je l'attends, je la veux, j'en ai besoin, j'en manque. Je revois Wakefield tourner sur lui-même comme un jouet déréglé, en attendant de rentrer chez lui. Dans ma chambre au Super 8, John passe avec sa dent de grabataire mal soigné ; il danse au pied du lit, sans la vigueur de ses vingt ans. Ces visages, ces corps, ces odeurs, ces voix. Vous me connaissez mieux que moi. Vous saurez dire à nos amis, à vos voisins, à leurs enfants, aux anges du ciel, qui était Jodie Casterman.

Dans quelques heures, je rencontrerai un homme. J'ignore ce qu'il nous sera donné à vivre. Peut-être quelques minutes de gêne sur le perron d'une baraque à trente millions de dollars. Peut-être un peu plus. Est-ce qu'on se verra, lui et moi, de loin en loin, comme avec Suzanne ? Est-ce que ça réparera quelque chose ? Une pièce dans la mécanique, dont j'ignorais qu'elle était défaillante. Qu'est-ce que ça change ? Tout, peut-être bien. Mais je ne veux pas d'une chambre d'ami à l'étage. Je ne veux pas entrer dans sa vie. Qu'il entre dans la mienne, ça oui. Qu'il me rende visite à Portland, de temps en temps. Que je le regarde. Que j'apprenne l'odeur de ses joues et la sensation de sa main dans la mienne. William Diabilis. Billy. Ce père volé.

Pourquoi les gens soudain s'aiment ? Pourquoi ils s'abandonnent aussi vite ? Pourquoi ils se mentent, pourquoi ils s'enferrent dans le mensonge, pourquoi le mensonge est si facile ? Se mentir à soi-même, mentir aux autres, mentir aux enfants, aux arbres du Washington Park, aux roses aveuglantes du Rose Garden ? Quelle espèce venue d'ailleurs nous sauvera de notre penchant suicidaire pour le mensonge ? Quelle créature aimable se penchera à notre oreille pour nous dire : *Chez vous, les humains, c'est triste à dire, mais rien ne fonctionne et il faut que vous l'acceptiez.*

85

La Jeep orange ne démarre pas. Plantée là, sur le parking du Super 8 de Trinidad. J'appelle un dépanneur. Ça sonne dans le vide. Puis un autre. Dans le vide. Un dernier. Vide. Je finis par aller à pied jusqu'au Mangino Automobile Center, dans la rue principale, où un jeune mec nonchalant me dit qu'il peut s'en occuper, mais pas avant demain, parce qu'il a trop de travail dans l'immédiat. Trop de travail dans l'immédiat ? Moi, j'ai quinze bornes à faire, baltringue. Moi, je vais retrouver mon père biologique. Tu vas retrouver ton père biologique, toi ? Tu vois ce que c'est, un père biologique ? Tu peux toujours faire semblant d'essuyer le cambouis que tu as sur les doigts avec ton petit chiffon dégueu, qui me dit que c'est du vrai cambouis ? Tu ne peux pas la réparer tout de suite, cette bagnole, putain ?

Je déjeune au Tony's Diner. Œufs brouillés au bacon, smoothie banane et un demi-litre de café filtre. Je relis un morceau de Brautigan, un autre de Carver. Et quelques listes de Shōnagon. J'ajoute des notes dans mon agenda 1993. Des notes pour moi seule ; vous pouvez toujours zieuter sur mon épaule, j'écris trop mal pour être comprise.

9 septembre 2016
Liste des choses qui brisent le cœur
Liste des lapsus révélateurs
Liste des animaux qui laissent indifférent
Liste des peurs disparues
Liste des meilleures anciennes versions de soi
Liste des pires anciennes versions de soi
Liste des années qu'on aurait aimé vivre
Liste des livres qui ne parlent que de celle ou celui qui l'écrit
Liste des cris qu'on se souvient d'avoir poussés
Liste des jours de naissances et de renaissances
Liste des villes où l'on a laissé un peu de soi

Mon sac sur l'épaule, je longe la Purgatoire River, marche jusqu'à l'embranchement de l'US 85. D'épais nuages barrent le ciel, il pourrait pleuvoir, ce serait le pompon. J'ai enfilé une robe, ma robe safran en tulle plissé, achetée que dalle à l'Outdoor Store, sur la 3e. Elle est trop voyante, les gens me regardent. Je m'en fous. Vous avez fait l'amour avec une extraterrestre, vous ? Alors je porte les fringues que je veux et s'il pleut, je serai bien contente, parce que j'adore la pluie, voilà. Je trouve un endroit à peu près correct pour tendre un pouce et attendre. J'inspire, j'expire. Je n'aime pas le stop, le stop, putain, mais le stop, le stop. T'es obligée de parler avec la personne qui s'arrête. Souvent, son odeur n'apparaît pas dans le catalogue des odeurs que tu supportes. Bien que sympa de s'être arrêtée, la personne est raciste ou homophobe. Ou alors tatouée, droguée, stupide. Mais bon. On est contente quand elle s'arrête. Il suffit d'une contrariété pour que je me transforme en une grosse réactionnaire prête à carboniser ses semblables. Je tends le pouce. J'attends.

Au bout d'une minute, un truck aux chromes éclatants s'arrête sur le bas-côté. C'est l'effet robe safran, ça. Y a plus qu'à monter dans la cabine. Y a plus qu'à se fader l'odeur de transpi. Plus qu'à subir les remarques sexistes. Plus qu'à esquiver le viol sur la couchette, sous le regard mammaire de Samantha Fox.

— Madame.

— Bonjour, je m'arrête juste avant Ludlow.

— C'est ma route.

— Merci, c'est gentil.

— Buck Atkins.

— Jodie.

Buck Atkins se révélera disert et jovial, divorcé, fou de son fils Oliver qu'il ne voit pas assez grandir, amateur de hockey, fan de feu les Phantoms de Philadelphie, parce que Doug, son beau-frère, y a joué dans les années 1990, quand la franchise a été créée. Des étoiles dans les yeux, Buck Atkins raconte deux trois matchs contre les Bandits de Baltimore ; il y était, c'était le feu. Mais depuis que les Phantoms sont devenus Phantoms de l'Adirondack, c'est vrai qu'il suit un peu moins le hockey. Buck Atkins prétendra avoir fumé un cigare avec l'acteur Harry Dean Stanton, face au Pacifique, un hiver. C'était à Eureka, dans la baie de Humboldt. Buck Atkins m'offre des gaufrettes à la vanille. Elles sont bonnes. Il est bien, ce Buck. Quand il me demande ce que je compte faire au milieu du désert, je lui réponds : *Je vais rencontrer mon père biologique.* Il y a un silence. Et puis, il me regarde avec une bonté que la grosse réac qui sommeille en moi se prend en pleine poire.

— C'est là.

— Là ?

— Le ranch est derrière cette colline.

— C’est pas quelqu’un de connu qui vit là ?

— Merci, Buck. J’espère que vous verrez Oliver aussi souvent que possible et que vous aurez de bons moments tous les deux.

86

Je marche à pas lents sur le chemin de gravier rose qui mène au ranch. Le soleil tiédit. Le soir n'est plus très loin. Je ralentis encore. Je flippe d'arriver dégoulinante au rendez-vous.

Liste des rendez-vous manqués d'un rien
Liste des rendez-vous qui se sont passés mieux que prévu
Liste des rendez-vous qu'on n'a pas franchement pris, mais on s'y rend quand même, des fois que

Où j'étais passée en voiture, je remarque des caméras de sécurité ignorées la veille. Et le nom du ranch sur un panneau d'aluminium brossé : *The Waste Land.* T. S. Eliot. C'est l'un de mes poèmes préférés. Miguelito est encore à son poste, peut-être Howard lui aura-t-il pardonné son amabilité excessive, peut-être n'est-ce qu'un sursis, le temps de lui trouver un remplaçant à la mâchoire boulonnée. Le sourire craintif, Miguelito bondit sur son smartphone.

— J'appelle M. Howard.

— M. Diabilis est arrivé ?

— Oui, madame. L'avion a atterri il y a une heure. Ernest va vous accompagner jusqu'à M. Howard, puis M. Howard vous emmènera jusqu'à M. Diabilis.

Je monte à bord d'une voiture électrique conduite par un homme trapu, cheveux en brosse et teint de cuivre. Le véhicule roule sur des patins jusqu'au cœur de la propriété. Une minute à peine, dont je profite pour m'essuyer le front, le cou, les aisselles.

Ce n'est pas Howard qui m'attend à la porte. Non, ce n'est pas Howard. C'est. Lui. C'est Billy. La porte est ouverte, Billy se tient debout devant la porte ouverte, c'est lui, il regarde la voiture qui s'arrête à quelques mètres, je fixe mon attention sur le heurtoir de la porte, un hippocampe en métal doré, ne me demandez pas pourquoi je regarde le heurtoir de la porte plutôt que lui, Billy, peut-être pour contenir le grand gong à l'intérieur de moi et la mailloche qui le heurte ? Je descends. Je suis là. Lui aussi. La voiture redémarre dans un silence de feutre. Je. Eh bien, je. Je fais quoi, moi, face à lui ? Si je posais mon sac, déjà. Voilà, je pose mon sac. Il ne bouge pas. Il me regarde. Je le regarde. Il est campé sur ses jambes. Là, ses yeux. Là, son visage. Là, ses cheveux blancs, coupés court, impeccables. Il ne ressemble pas à Larry Hagman. Pas du tout. Ça me. Alors ça. Mais j'ai quelque chose de lui, je vois quelque chose de moi dans son visage à lui. Il fait plus vieux, je ne m'attendais pas à ce qu'il fasse aussi vieux. C'est un vieil homme, comme John était un vieil homme. C'est lui. C'est Billy. C'est ce père. Il me regarde. Je le regarde. Mes doigts attrapent le tulle plissé de ma robe. Je voudrais dire quelque chose, parler la première, c'est moi qui ai décidé que cet instant aurait lieu, moi, pas lui. Gelé devant sa porte, l'hippocampe doré dans son dos, Billy garde ses bras le long du corps et le cou droit. On se tait. Combien de temps ? Comment savoir. Deux bêtes dans le désert, qui ignorent les codes de leurs espèces et se reniflent pour savoir s'il faut s'armer de griffes ou de patience. C'est lui et moi, sous l'œil de drones braqués sur nos cœurs disloqués.

Il dit enfin : *Jodie*.
Je réponds : *Billy*.
Je n'arrive pas à dire monsieur Diabilis, ni Papa. Juste *Billy*.
Il dit : *Quel gâchis*.
Et je confirme : *Oui, un grand gâchis*.

C'est avec ce mot que nous apprenons à nous parler : *gâchis*. Il me semble l'entendre pour la première fois. Ce n'est pas un mot que j'emploie souvent. Peut-être qu'il me fait peur, peut-être que je me préservais de lui. Je le trouve beau, pourtant. J'aime sa musique. Dans ma tête, tandis que nous restons l'un face à l'autre, Billy et moi, silencieux, incapables de nous prendre dans les bras, le mot *épiphanie* se superpose au mot *gâchis*. Et peu à peu, à force de faire tourner les deux mots sur des pivots invisibles, à force de les mettre en miroir l'un de l'autre, de les combiner, de chercher une anagramme qui les fusionne, à force de les frotter l'un contre l'autre comme un silex contre une pierre, à la vitesse de la pensée, je comprends que c'est le mot *gâchis* qui devait m'être révélé, je le comprends et je l'accepte, je l'accepte parce qu'il s'impose à moi dans sa nouveauté, dans sa clarté, dans sa violence. J'ai fait de toi le monstre sous le lit, l'épouvantail dans le placard, mon ennemi imaginaire. Une figure de conte, sans contours véritables, un ectoplasme aux dents de sabre. Tu étais cette peinture qui hésitait entre abstraction et pointillisme, ce tableau jamais fini. Tu étais le livre que je feuilletais parfois ; un recueil de poèmes qui avaient pour thèmes les grandes blessures fondamentales. Je n'y allais pas volontiers. Je n'y allais plus. Je laissais pisser. J'avais un père et il était le meilleur de tous, il sera toujours meilleur que toi, qui as préféré me construire un mausolée, un temple profane et aimer de moi une image, un symbole, m'aimer moi à travers je ne sais quels fétiches que tu embrassais dans le noir. C'est dommage. On s'est ignorés, toi et moi, de notre plein gré, satisfaits l'un comme l'autre de jouer avec nos marottes, sans risquer notre peau, sans aller plus loin, ni gratter le vernis, ni douter de nos réflexes. Il y eut tant de jours, tant de jours, sans même penser à toi. On se fait à tout. C'est le problème de nous autres, les humains : on se fait à tout. *Tout est gâché, quand je nous regarde, Papa.* Dans ma tête, rien que pour moi, je dis : *Papa.* Pour voir si le fantôme de John me tombe dessus comme une foudre et me crame la gueule. Ou s'il m'apparaît, magnanime, dans son ancienne beauté retrouvée dans les cieux vides, pour me dire : *Vas-y, Petit Cœur, tu peux, vas-y.*

Tout est gâché, Papa.

Et on serait fichus, toi et moi, de gâcher l'heure qui vient. Parce qu'il ne faudra pas plus d'une heure pour comprendre. Comprendre si l'on peut devenir quelqu'un l'un pour l'autre, au-delà des rôles qu'on nous a assignés. Une voix, de temps en temps. Un regard qui s'ouvre. Une toute petite lumière dans la nuit.

D'un geste de la main, tu me prieras d'entrer dans la maison. Je ferai quelques pas dans un vestibule grand comme dix fois mon appart. Je serai ébahie et gênée par tant de luxe, de goût, d'opulence. Je me dirai que ce n'est pas mon monde ; ce ne le sera jamais. Moi, je suis une fille qui se débrouille, tu vois, Papa, je dis encore une fille alors que j'ai depuis longtemps l'âge d'être une femme. Je suis une femme qui fait de son mieux, sans l'appui d'un mec commode, ni trop d'amis sur lesquels s'épancher, une femme qui n'a pas de job stable, qui dort mal depuis toujours, qui lit pour oublier, qui encaisse les rêves des autres, ces rêves bien empaquetés qu'elle voit défiler sur le tapis roulant comme des produits trop chers qu'elle ne se paiera jamais. J'essaierai de ne pas m'arranger pour te plaire. Ne pas m'embellir, ne pas mentir. Je te parlerai de moi, en m'appuyant sur le peu que je sais. Tu me parleras de toi. Tu ne chercheras pas d'excuse. Tu me révéleras peut-être des choses insensées : que tu m'as suivie, pendant toutes ces années, comme un chien, comme un drone, que tu veillais sur moi, à la manière d'un ange. Je te dirai que j'ai passé l'âge de croire à ces conneries et qu'on ferait mieux de s'en tenir au gâchis, au mot *gâchis* et à notre bonne volonté. Tu m'emmèneras dans la Cunningham Room. J'aurai un sourire en découvrant le fauteuil de cuir blanc, le tapis noir, les murs vieux rose. La bibliothèque aux trente livres adorés. Je m'arrêterai un instant à la fenêtre, parce que j'aime les fenêtres, j'aime être cette femme à la fenêtre, qui regarde et écoute. Le Mémorial du massacre. Les Sangre de Cristo Mountains. Le ciel de Ludlow, Colorado. Tu feras pivoter la photographie d'Imogen sur une mécanique subtile. Dans une combinaison de bips suivie d'un chuintement métallique, tu ouvriras le coffre-fort. On se regardera quelques secondes, encore empruntés, inquiets, puis tu me laisseras seule. En vigile discipliné, tu m'attendras dans le couloir, à la porte de la Cunningham Room. Je ferai quelques pas dans la grande pièce vide. Je m'approcherai du coffre-fort, en réalisant que c'est la première fois de ma vie que je m'approche d'un coffre-fort. Mon cœur battra si fort que je n'entendrai que lui. Sur la tablette centrale, je distinguerai, enserré sous un film plastique, un billet d'un dollar. Près d'une enveloppe au papier poissé de taches brunes, laissées par le temps.

87

Montréal, 20 mai 1981

Billy,

Cette lettre va te surprendre, j'imagine. Ne va pas croire qu'elle sera la première d'une longue série. Je ne viens pas prendre des nouvelles. Ni t'en donner à vrai dire.

Je t'envoie ce billet d'un dollar. J'ai pensé que c'était la moindre des choses. Ce n'est pas n'importe quel dollar.

Hier, Jodie a eu un an. Je lui ai offert une boîte de feutres et ce billet que tu as maintenant entre les mains. Tu as vu ce qu'elle a fait ? Un nez de clown à George Washington et une étoile de shérif. Elle a déjà tout compris de l'Amérique, cette gamine.

C'est son premier dessin. Il est pour toi.

Elle saura se battre, Billy, j'en suis sûre. Contre les carcans, contre l'autorité, le mépris, contre les vents mauvais. Je vais l'aider. Ici, elle est entourée. Nous, les femmes, nous aurons encore longtemps à nous battre pour notre liberté.

Un jour, Emily Brontë a été mordue à la main par un chien errant. Elle avait voulu lui donner à manger ou à boire, je ne sais plus. Il l'avait mordue jusqu'au sang. Tu sais ce qu'a fait Emily Brontë ? Elle a cautérisé la plaie elle-même. Au fer rouge. Sans hurler, sans pleurer, sans se plaindre.

J'espère que notre Jodie sera la plus libre et la plus courageuse d'entre nous. Je ne suis pas très douée pour dire les choses, mais ce dollar parle, il parle pour nous. C'est le dollar de notre fille.

Suzanne

88

Leonard Cohen est mort, on l'a appris ce matin. Suzanne m'a appelée, en larmes. Elle m'a dit qu'il était mort depuis trois jours déjà et qu'il avait été enterré, dans la plus stricte intimité, à Montréal. *Il était chez lui, il est tombé, une mauvaise chute, il est mort dans la nuit du 7. Leonard est parti, Jodie*. Elle s'est excusée de ne pas être à mes côtés, ce soir, pour la première de *Wakefield*. Je me suis excusée de ne pas être à ses côtés, *j'aimerais te prendre dans mes bras, Maman*. Quand on aura bouclé les représentations, je referai la route de Portland à Santa Monica et on ira écouter des chansons face au Pacifique, en se jurant que c'est tout ce qu'il nous reste : une voix, une mélodie, un refrain, l'océan à perte de vue pour s'y perdre et laisser la nostalgie faire son job de grand boucher.

Bye Obama. Demain, on saura quel sera le prochain président des États-Unis d'Amérique. Les sondages portent à croire qu'il s'agira d'une présidente, la première de l'histoire. Je parie que demain on prouvera qu'on a du sérieux, qu'on n'est pas saoulés de peur et de frustration, que les temps changent et que de toute façon, le règne de l'homme est terminé. J'ai bon espoir. Mais je vis dans un pays où même la mort est optimiste.

Billy est assis dans la salle de l'Alberta Abbey, j'ai veillé à ce qu'on lui donne la meilleure place. Le fantôme de John est dans la coulisse, à jardin. Demain, j'irai disperser ses cendres sur le Mount Hood ; il est temps. Le fantôme de Leonard s'en prend à toutes les mémoires ; on chante ses poèmes en silence.

J'ai envie de gerber, normal. Allez, va gerber, ma grande.

C'est fait.
Ça ne va pas mieux.

La régisseuse plateau annonce : *Entrée en scène dans dix minutes, dix minutes, dix*. Elle est super cool, mais j'ai envie de l'empaler sur un pieu. Envie de me barrer, d'aller prendre un verre au River Pig ou au Bye and Bye, envie d'aller downtown me faire un fix et planer loin, envie d'aller du côté du Sellwood Park piquer une tête dans la rivière en me jetant du ponton. Je vais être nulle. Je vais être fausse. Je vais être artificielle. Je vais être volontariste. Je vais être à côté de mes pompes. Et vous serez là pour me plaindre : *Jodie, pauvre Jodie, elle ferait mieux d'aller faire chier ses clebs*. Si au moins Marisa m'avait laissé une partenaire, mais non, elle a préféré tout miser sur moi, cette dingue. Comme quoi elle n'avait pas besoin de deux actrices pour jouer ça, comme quoi elle sentait depuis le début que c'était un monologue qu'elle voulait monter, comme quoi je devrais faire du stand-up tellement je suis puissante, mais ta gueule, putain, ta gueule. Ça se saurait si j'étais puissante.

Mon nom est écrit sur la porte de la loge : *Jodie Casterman*. Hier, je l'ai pris en photo comme une conne et j'ai fait un post Instagram terrifiant de bêtise narcissique. Les grands enfants que nous sommes, avec nos joujoux, nos ambitions, nos peurs de tout. Face au miroir, je répète mon passage préféré : *Parmi la confusion apparente de notre monde mystérieux, les individus sont si bien ajustés à un système, et les systèmes les uns aux autres, et le tout ensemble, que, en s'effaçant un court instant, un homme s'expose au risque terrible de perdre sa place à jamais.* Je repense à la Créature qui m'a aimée, à Albuquerque. C'était en septembre, ça me paraît si loin. La nuit, son fantôme vient me voir et il me fait des promesses insensées. Je fais un tas, au pied du lit, un tas de promesses extraterrestres ; il grandit, de nuit en nuit. Je me demande ce que je vais en faire. Il faudrait qu'on les tienne, pour voir ce que ça fait.

Mon père est là. Ce père-là. Mon père.

La régisseuse annonce : *Entrée en scène, Jodie.*

Alors j'entre, dans la nuit la plus fausse, cette nuit électrique qui se lève quand on baisse un curseur sur une console, j'entre avec le panneau *Exit* comme seul ami, j'entre, le cœur plein de marteaux, je prends ma place sur la scène et j'essaie d'être vraie.

DU MÊME AUTEUR

LE JARDIN DE BEAMON, L'École des loisirs, 1999.
LES PETITS MÉLANCOLIQUES, L'École des loisirs, 1999.
PERLINO COMMENT, L'Arche, 2001.
BOULI MIRO, L'Arche, 2002.
MA VIE DE CHANDELLE, L'Arche, 2003.
L'ENFANT DIEU, L'École des loisirs, 2003.
LE GARDEUR DE SILENCES, L'Arche, 2003.
VEUX-TU ?, L'Arche, 2004.
CATALINA IN FINE, L'Arche, 2004.
ALBATROS, L'Arche, 2004.
GRACEFUL, L'Arche, 2005.
MARCIA HESSE, L'Arche, 2005.
BOULI REDÉBOULE, L'Arche, 2005.
LISBETHS, L'Arche, 2006.
HISTOIRES CÉLÈBRES ET INCONNUES (avec Louis Arene), Gallimard jeunesse, 2007.
TASMANIE, L'Arche, 2007.
ALICE ET AUTRES MERVEILLES, L'Arche, 2007.
FAIRE L'AMOUR EST UNE MALADIE MENTALE QUI GASPILLE DU TEMPS ET DE L'ÉNERGIE, L'Arche, 2008.
WANTED PETULA, L'Arche, 2008.
LE JEU D'HISTOIRES LIBRES, L'Arche, 2009.
BLANCHES, L'Arche, 2010.
LES SALES HISTOIRES DE FÉLICIEN MOUTARDE (avec Ronan Badel), L'Élan vert, 2010.
BOULI ANNÉE ZÉRO, L'Arche, 2010.
BRADERIE DES OMBRES, Créaphis, 2011.
GUITOU, L'Arche, 2011.
DAYS OF NOTHING, L'Arche, 2012.
QUI SURLIGNE LE VIDE AVEC UN CŒUR FLUO ?, Le Castor astral, 2012.
MOBY DICK, L'Arche, 2013.
DOCTEUR CAMISKI OU L'ESPRIT DU SEXE (avec Pauline Sales), L'Arche, 2015.
EN ATTENDANT LE PÈRE NOËL, Lansman, 2015.
MÜNCHHAUSEN ?, L'Arche, 2015.
LES TOURNESOLS, L'Arche, 2017.
LA GRUE DU JAPON, L'Arche, 2017.
LES SÉPARABLES, L'Arche, 2017.
JEAN-LUC (avec Élisabeth Carecchio), La Joie de lire, 2017.
MAELSTRÖM, L'Arche, 2018.
CENTAURES, QUAND NOUS ÉTIONS ENFANTS (avec Martin Dutasta et le Théâtre du Centaure), La Joie de lire, 2018.

DIANE, L'Arche, 2019.
J'AI PRIS MON PÈRE SUR MES ÉPAULES, L'Arche, 2019.
MA COLOMBINE (avec Omar Porras), La Joie de lire, 2019.
HERCULE À LA PLAGE, La Joie de lire, 2019.
POLLY (avec Isabelle Pralong), La Joie de lire, 2021.
COMME TU REGARDES LE CIEL ÉTOILÉ (CD, avec Polar et Jeanne Roulet), La Joie de lire, 2021.
LAZZI, L'Arche, 2022.
EN APNÉE (avec Jeanne Roualet), Joca Seria, 2023.

OUVRAGE RÉALISÉ
PAR L'ATELIER GRAPHIQUE ACTES SUD
ACHEVÉ D'IMPRIMER
SUR ROTO-PAGE
EN MAI 2024
PAR L'IMPRIMERIE FLOCH
À MAYENNE
POUR LE COMPTE DES ÉDITIONS
ACTES SUD
LE MÉJAN
PLACE NINA-BERBEROVA
13200 ARLES

DÉPÔT LÉGAL
1re ÉDITION : AOÛT 2024

N° impr. : 105023

(Imprimé en France)